"十四五"普通高等教育本科部委级规划教材

重庆市一流课程 重庆市课程思政示范项目"社会调查统计与方法"

西南地区大学生创新创业教程

Xinan Diqu Daxuesheng
Chuangxin Chuangye Jiaocheng

高晓旭　姚茂华◎主编

U0725263

中国纺织出版社有限公司

内 容 提 要

本书通过对创新创业相关理论知识、创新精神、创业机会与风险、创业资源、创业模式、企业经营管理、"互联网+"创业等内容的介绍，结合当代大学生创新创业特点以及西南地区创业现状，就西南地区大学生创新创业进行了详细论述，并且根据西南地区现实条件，大量引入西南地区大学生创业案例，就西南地区大学生创新创业可能遇到的阻碍，拥有的机遇条件等进行分析，为当代大学生创新创业，特别是在西南地区创业提供理论指导。

图书在版编目（CIP）数据

西南地区大学生创新创业教程/高晓旭，姚茂华主编．--北京：中国纺织出版社有限公司，2022.11
ISBN 978-7-5229-0046-9

Ⅰ．①西… Ⅱ．①高…②姚… Ⅲ．①大学生-创业-教材 Ⅳ．①G647.38

中国版本图书馆 CIP 数据核字（2022）第 208458 号

责任编辑：闫　婷　　责任校对：高　涵　　责任印制：王艳丽

中国纺织出版社有限公司出版发行
地址：北京市朝阳区百子湾东里 A407 号楼　　邮政编码：100124
销售电话：010—67004422　　传真：010—87155801
http://www.c-textilep.com
中国纺织出版社天猫旗舰店
官方微博 http://weibo.com/2119887771
北京虎彩文化传播有限公司印刷　各地新华书店经销
2022 年 11 月第 1 版第 1 次印刷
开本：787×1092　1/16　印张：9.75
字数：176 千字　定价：49.80 元

前　言

党的十八大以来，以习近平同志为核心的党中央始终将实现高质量发展作为全党重要工作任务，为了让发展成果更好惠及亿万中国大众，新发展理念得到了最大程度彰显和落实。自 2012 年以来，脱贫攻坚大力开展，经过 8 年奋战，1 亿左右的贫困人口实现脱贫；继而实施的乡村振兴战略，旨在巩固脱贫攻坚成果，奋力实现农村高质量发展。面对国际环境的深刻变化，2014 年，李克强总理在夏季达沃斯论坛上提出"大众创业，万众创新"，此后，在中国掀起了"大众创业""草根创业"的新浪潮，形成"万众创新""人人创新"的新势态。面对国际局势的深刻调整，2018 年，党中央提出"六稳"工作要求，其中居于首位的是"稳就业"；2020 年国内外不确定和不稳定性因素增加，中共中央又提出"六保"新任务，其中"保居民就业"位于首位。

高校，作为高质量人才培育的摇篮，在为社会输送人才资源上发挥着举足轻重的作用，其教育内容和理念将会对学生成长、成才产生莫大影响，同时也会为学生实现梦想、改变当下提供必要的理论知识和培养基本的综合素养。随着逐年增加的高校毕业生总量，高校毕业生就业问题已经成为当今社会发展的焦点问题，在我国"稳就业"和"保居民就业"要求和任务中，高校毕业生就业始终是重点任务。高校毕业生作为社会急需的青年人才资源，除了到已有的市场主体就业以外，主动创造市场主体，加入创业大军中，成为其中一员，已经成为越来越多高校青年的选择。在逐渐兴起的各大高校大学生创业孵化园内，已经有越来越多的青年学生加入其中，培育和实现自己的创业梦。

西南地区，处于远离沿海发达地区的边陲一隅，先天缺少链接世界的便利区位条件，缺乏领先世界的先进技术条件，一直以来步履维艰，蹒跚前进，越来越多青壮年劳动力流向沿海地区，加剧我国东西部发展的不平衡。随着脱贫攻坚、乡村振兴一系列战略政策的扶持，西南地区特别是四川、重庆地区在高新技术产业发展上受益颇丰；西南地区在乡村旅游发展上稳步向前，取得了丰硕成果。在国家鼓励青年创业政策支持下，以及青年基层建功立业的号召下，西南地区创业机会空前增多，越来越多高校青年毕业生投入到西南地区基层创业队伍中，为西南地区发展注入新鲜血液，为西南地区发展带来希冀。

为了关怀和回应以上社会现实和需求，我们特编写《西南地区大学生创新创业教程》一书，为青年创业者特别是高校大学生在西南地区创业提供一定的经验参考和理论指导。全书共分为七个章节，第一、二章在介绍创新、创业相关理论知识的基础之上，阐述大学生与创新创业之间的关系。第三章至第六章就西南地区大学生创业的机会与风险、创业资源、创业模式与计划、企业创建与经营等创业常规内容进行了基本理论介绍、实际情况梳理及经验建议阐述。第七章聚焦时代发展，就"互联网+"大学生创新创业在西南地区的实践和经验进行了详细阐述和总结。全书以教程的形式编排和撰写，参考了大量当今国内创新创业特别是大学生创新创业研究专家的理论和观点，引用了大量西南地区创业现实案例，既可以作为大学生创业课程和培训的主要教材，也可以作为大学生创业，特别是西南地区创业的参考书目。

落实新发展理念，构建新发展格局，创新发展是动力，协调发展是必须，共享发展成果是根本目的。就业是民生之本，市场主体是市场经济之基，让越来越多有志青年投身西南地区，建功基层，在西南地区创造自己的新天地，在基层实现人生理想，为实现协调发展做出新贡献，为实现高质量发展增添新动能，为实现中国式现代化注入新力量！

编　者

2022 年 10 月

目　录

第一章　西南地区创新创业与大学生发展 1

　第一节　创新创业精神 4

　　一、创新精神 4

　　二、创业精神 5

　第二节　创新创业精神与大学生职业生涯发展 6

　　一、创新创业精神决定大学生职业生涯发展的态度 6

　　二、创新创业精神决定大学生职业生涯发展的高度 7

　　三、创新创业精神决定大学生职业生涯发展的速度 7

　第三节　西南地区发展与大学生创新创业 8

　　一、西南地区发展现状 8

　　二、西南地区发展对大学生创新创业的影响 10

第二章　创新与创业 13

　第一节　创新与财富 14

　　一、创新驱动经济增长 15

　　二、制度创新与经济增长 15

　　三、企业创新与转型升级 18

　第二节　创新者素质 19

　　一、创新者的能力 20

　　二、创新者的能力结构 20

　　三、大学生创新能力的开发 22

　第三节　创新概述 24

　　一、创新的概念 24

　　二、创新的类型 24

　　三、创新的模式 26

　　四、创新的过程 ···································· 28

　　五、创新的特点 ···································· 29

　第四节　创新与创业的关系 ···················· 32

　　一、创新者的思维特征 ···························· 32

　　二、创新驱动型的创业 ···························· 34

第三章　西南地区创业机会与风险 ··················· 41

　第一节　创业机会 ································ 44

　　一、创业机会的含义 ···························· 44

　　二、创业机会的类型 ···························· 45

　第二节　西南地区创业机会的识别与把握 ············ 46

　　一、创业机会识别概述 ···························· 46

　　二、西南地区创业机会的识别 ······················ 49

　第三节　创业风险的识别与防控 ·················· 50

　　一、创业风险概述 ······························ 50

　　二、创业风险的识别 ···························· 52

　　三、大学生创业过程常见风险及防范措施 ·············· 54

　　四、西南地区创业风险的识别与防控 ················ 57

第四章　西南地区创业资源的开发与整合 ············· 64

　第一节　西南地区创业资源 ····················· 65

　　一、创业资源 ································ 65

　　二、西南地区的创业资源 ························ 68

　第二节　西南地区大学生创业资源 ················ 69

　　一、创业资源的开发与整合 ······················ 69

　　二、西南地区大学生创业资源的开发与整合 ············ 72

　第三节　大学生创业融资 ······················ 73

　　一、创业融资概述 ······························ 73

　　二、当代大学生创业融资 ························ 75

三、西南地区大学生创业融资 ∙∙ 78

第五章　西南地区创业模式与计划 ∙∙∙∙∙∙∙∙∙∙∙∙∙∙∙∙∙∙∙∙∙∙∙∙∙∙∙ 83
　第一节　创业模式 ∙∙ 85
　　一、创业模式和商业模式的含义 ∙∙∙∙∙∙∙∙∙∙∙∙∙∙∙∙∙∙∙∙∙∙∙∙∙∙∙∙ 85
　　二、创业模式的分类 ∙∙ 86
　第二节　创业计划 ∙∙ 88
　　一、创业计划概述 ∙∙ 88
　　二、创业计划书 ∙∙ 89
　第三节　大学生创业计划书的撰写与展示 ∙∙∙∙∙∙∙∙∙∙∙∙∙∙∙ 91
　　一、创业计划书的内容 ∙∙ 91
　　二、创业计划书的编写步骤 ∙∙∙∙∙∙∙∙∙∙∙∙∙∙∙∙∙∙∙∙∙∙∙∙∙∙∙∙∙∙∙∙ 95
　　三、创业计划书模板展示 ∙∙∙∙∙∙∙∙∙∙∙∙∙∙∙∙∙∙∙∙∙∙∙∙∙∙∙∙∙∙∙∙∙∙ 96

第六章　西南地区企业的创建与经营 ∙∙∙∙∙∙∙∙∙∙∙∙∙∙∙∙∙∙∙∙ 98
　第一节　企业的创建 ∙∙ 99
　　一、企业组织形式的选择 ∙∙∙∙∙∙∙∙∙∙∙∙∙∙∙∙∙∙∙∙∙∙∙∙∙∙∙∙∙∙∙∙∙∙ 99
　　二、企业注册流程及所需文件 ∙∙∙∙∙∙∙∙∙∙∙∙∙∙∙∙∙∙∙∙∙∙∙∙∙∙ 106
　　三、创业选址 ∙∙ 107
　第二节　新办企业的管理与经营 ∙∙∙∙∙∙∙∙∙∙∙∙∙∙∙∙∙∙∙∙∙∙∙∙∙∙∙∙ 111
　　一、新办企业的定义及特征 ∙∙∙∙∙∙∙∙∙∙∙∙∙∙∙∙∙∙∙∙∙∙∙∙∙∙∙∙∙∙ 111
　　二、新办企业的管理和经营 ∙∙∙∙∙∙∙∙∙∙∙∙∙∙∙∙∙∙∙∙∙∙∙∙∙∙∙∙∙∙ 111
　第三节　新办企业的风险控制 ∙∙∙∙∙∙∙∙∙∙∙∙∙∙∙∙∙∙∙∙∙∙∙∙∙∙∙∙∙∙∙∙ 116
　　一、风险控制的定义及其重要性 ∙∙∙∙∙∙∙∙∙∙∙∙∙∙∙∙∙∙∙∙∙∙ 117
　　二、新办企业在发展过程中遇到的各类风险 ∙∙∙ 117
　　三、新办企业风险控制的应对策略 ∙∙∙∙∙∙∙∙∙∙∙∙∙∙∙∙∙∙ 119
　第四节　新办企业相关法律与伦理问题 ∙∙∙∙∙∙∙∙∙∙∙∙∙∙∙ 120
　　一、企业法律的概念 ∙∙ 120
　　二、不同方面企业相关法律 ∙∙∙∙∙∙∙∙∙∙∙∙∙∙∙∙∙∙∙∙∙∙∙∙∙∙∙∙∙∙ 121

三、新办企业常见伦理问题 ·· 121

四、基于企业伦理对新办企业建设的思考 ····················· 124

第七章　"互联网+"与西南地区大学生创业 ······················ 126

第一节　"互联网+"时代 ··· 129

一、"互联网+"概况 ··· 129

二、概念提出与变迁 ··· 129

三、"互联网+"的内涵及其特征 ·································· 131

第二节　"互联网+"创业思维 ······································· 132

一、"互联网+"时代的创业特征 ································· 132

二、"互联网+"时代大学生创新创业能力培养的现状分析 ·········· 133

三、"互联网+"背景下大学生创新创业教育的新模式 ··········· 134

第三节　"互联网+"与西南地区大学生创业实践 ··············· 137

一、"互联网+"时代大学生创业模式分析 ····················· 137

二、"互联网+"时代大学生创业 SWOT 分析 ················· 138

三、"互联网+"时代推动大学生创业的策略 ··················· 139

四、西南地区大学生创业实践概况 ······························ 140

参考文献 ··· 144

附　录 ··· 147

第一章 西南地区创新创业与大学生发展

名人名言

企业发展就是要发展一批狼。狼有三大特性：一是敏锐的嗅觉；二是不屈不挠、奋不顾身的进取精神；三是群体奋斗的意识。

——任正非

【教学目标】

通过对创新精神和创业精神的学习和理解，进一步掌握创新创业精神与大学生职业生涯发展之间的关系，在此基础之上进一步明白和掌握西南地区的发展与大学生创新创业之间的关系。

【教学要点】

1. 创新创业精神
2. 创新创业与大学生职业生涯发展
3. 西南地区发展与大学生创新创业

【案例导入】

坚持梦想——一颗小石头的发展之路

创业项目：深圳市轲世珠宝有限公司（从事定制珠宝的加工和设计业务，服务于轲世珠宝自主品牌，同时承接其他珠宝设计师或珠宝工作室的设计加工，自主品牌珠宝已远销多个国家。）

张轲，2009年毕业于四川外国语学院日语系日语专业。张轲一直有一个梦想，就是背上背包，只身去看看外面的世界。

2009年毕业之际，张轲顺利应聘到深圳一家公司，工作一段时间，张科发现自己始终忘不了那个梦想，于是他毅然辞去了待遇优厚的工作，开始谋划起一个人的背包旅行，他一路南行，走访印度，到达恒河，游历尼泊尔等地。背包旅行过程中的一幕幕让他领会了世界到底有多大，更加坚定了他不甘于平庸的志向。

在国外走了一圈，回到国内，张轲希望找一份自己喜欢可以胜任的工作。虽然面试了四家公司，并拿到了三个录用通知，但是这里面并没有他喜欢的工作。于是想挑战自己，产生了创业的念头，张轲决定试一试。张轲觉得试了可能会失败，如果不试，将来一定会后悔。家人问她："创业失败了怎么办？"她回答："从头再来，大不了还可以重新找工作。"就这样，顶着家人的质疑与反对，她毅然决然地选择走自己想走的路。很多创业者提出，最大的难关就是过自己这一关，和自己做思想斗争。自己与自己做思想斗争很难，能坚持下来就是强者。

创业过程中，培养兴趣至关重要。张轲把创业当作自己的兴趣。兴趣是最好的导师，做自己感兴趣的事情才不会过于焦躁，而创业最忌讳的就是焦躁。把创业培养成兴趣，灵感才会源源不断，这是她做饰品时的创意来源，更是她转型做珠宝的倚仗。

2011年，张轲成立轲饰上品有限公司，从主营温米尔时尚饰品做起。刚开始仅是贴牌，并没有自行研发设计，慢慢张轲发现自己对产品的研发产生了兴趣，特别是旅行的那段经历及女性的视觉，让她灵感源源不断，她开始自己设计产品，产品设计好之后，寻找加工厂、电镀厂、包装厂，一步一步一个人独自做下来，张轲对饰品的研发和加工全盘掌握，饰品设计加工完成后就要进入销售环节，张轲从拍照做起，自己撰写营销文案，操持线上运营线下活动，独立驾驭整个运营过程，为日后的珠宝公司转型打下了坚实基础。初始的时尚饰品创业投入很低，成本及风险控制较好，小赚了一些。但也有两款产品由于设计失败，一件没有卖出去。因为公司的产品定位在"原创设计"，走小范围小众路线，没有受到市场太多冲击，张轲成为行业的佼佼者。

2013年，随着公司业务顺利开展，张轲又开始了另外一个创业项目，她发现国内对黄金和钻石的需求量很大，而国内对珠宝定制，红蓝宝石及祖母绿等贵重宝石的认识还比较落后，她坚信，随着人们生活水平的提高，民众对宝石的购买力必然会上升，对珠宝的鉴赏能力将大幅度提升，整个市场有很大发展空间，只有定位好风格，肯定能分到一杯羹。张轲的产品定位开始由时尚饰品向珠宝转型。2013年，她成立"轲"珠宝定制工作室。在公司成功转型五年之后，张轲发现自己当初的选择没有错，现在珠宝业竞争非常激烈，特别是在城市，消费者已经开始去品牌化，选择珠宝定制工作室。由实用主义购买需求上升至审美鉴赏范畴，人们开始选择符合自身个性的珠宝饰品，不再是黄金三件套或钻石恒久远，也不再是一件珠宝一辈子，一两年（甚至更短时间）购买多件珠宝的消费者日渐增多，单件珠宝销售额也有越来越高的倾向，张轲也获得了珠宝定制的红利。

成功转型后，张轲创立了自己的品牌——轲世珠宝，英文名TKeystone Gems，主要从事珠宝设计和珠宝定制业务，以及钻石和彩色珠宝的裸石贸易。轲世珠宝的品牌理念是悦己，无须理由。2016年张轲建立了自己的珠宝加工坊，服务于轲世珠宝自主品牌，由于技术精湛，开始承接其他珠宝设计师或珠宝工作室的珠宝设计加工业务。同年，张轲和加拿大VTG华人珠宝品牌合作，负责其产品的设计与加工。这是轲世珠宝进行跨界合作的开端。一直以来，轲世珠宝深耕深圳，并经常联合国内各省会高端婚纱体验店举办珠宝评鉴活动，让用户了解轲世珠宝，进而选购佩戴。在国际市场，科轲世珠宝经常参加国际性珠宝展会，发展国外客户。由于珠宝品质高，老客户的口碑相荐，轲世珠宝的客户遍及美国、加拿大、澳大利亚和韩国等国家，目前公司的经营以一年一店的速度稳步发展。

发展过程中，不同阶段有不同阶段的问题，特别是从时尚饰品到珠宝的转型，公司进入发展瓶颈期。由于非珠宝专业出身，她面临各种现实问题，需要张轲从头学起，持续学习，思索及反省，张轲克服解决了这些难题，在探索中大步前进。

张轲在公司担任珠宝设计师和业务员的角色，工作范围比较广，从裸石选购到珠宝设计，再到销售甚至加工环节，很多事情都需要亲力亲为。她将专注和勤勉努力投入事业当中，从最初的温米尔到现在的Keystone Gems，张轲一直关注女性精神世界的独立完整性。温米尔倡导的是活得潇洒，爱得彻底，除了爱人，还需要爱己；轲世珠宝，宣扬的是女人应该做自己人生的拱心石。作为创业成功者，张轲结合自己的兴趣发展创业，这也是她能够成功的秘诀。把自己的兴趣爱好发挥极致，趋向于专业化，这是她成功的另一个原因。永远不要功利地为了一件事而去做一件事，张轲不甘平庸，把自己的心交给事业，她不功利地想着赚钱，只是把自己的积累真正地运用起来。

"给我一个支点，我可以撬起地球"，每一个创业者何尝不是那个一直寻找支点的人，只有不断积累，即便看似无用的，在将来的某一刻，都可能成为我们所需要的那个支点，正如乔布斯所说的Connecting the dots，张轲就是那个寻找正确支点的人，她的成功并不仅仅是财富上的积累，更是独属于自己的创业精神升华。

案例来源：摘自《跨境电商与多语言服务创新型人才培养：四川外国语大学学生创业案例集》

【案例思考】

该案例体现了大学生创业者的哪些精神品质？给大学生职业生涯规划带来哪些思考？

【案例点评】

大学生张轲毕业之后毅然辞去待遇优厚的工作，背上背包，踏上周游世界的道路，在探索世界的过程中，在完成自己梦想的同时也增长了见识，获得了更多的创业灵感，从兴趣出发，创立了饰品公司，从简单的贴标做起，到后来的自主设计，再到后面由饰品向珠宝的转型，其中承载的是创业者坚韧不拔的创业精神和跟随时代的创新精神，给大学生创业者特别是在校大学生对未来职业的规划提供现实参考。该案例全面彰显了创业精神在大学生创业过程中的作用和助推力量，展现了兴趣使然的大学生创业成功的可能性和对自我深刻思考后确定的目标孜孜不倦地追求，为大学生的职业生涯规划以及确立创新创业目标提供了现实参考。

第一节　创新创业精神

一、创新精神

（一）概念

创新精神是推陈出新，"我们所说的'创新'是指通过中小学生施于教育和影像，使他们成为一个独立的个体，能够善于发现和认识有意义的新知识、新事物、新方法。掌握其中蕴含的基本规律，并具备相应的能力，为将来成为创新型人才奠定全面的素质基础。"❶

创新精神指"对学生主体创新意识的引导、强化和巩固而形成的一种内在的稳定心理状态，外化为一种积极向上，刻意追求新事物的风格和气度。"❷ 创新精神是个体主观能动性的最大发挥，是个体性的最大体现。创新精神也是一个人通过接受后天的学习教育而不断深化的一种心理状态。

美国学者迈克尔·米哈尔科认为有九大策略培养一个人的创新精神：一是知道如何去发现；二是使你的思维形象化；三是进行流畅地思考；四是进行新颖的组合；五是把不相关的事物联系起来；六是着眼于其他方面；七是从其他角度看问题；八是发现你没有寻找的东西；九是唤醒协作精神。❸

创新意识是创新精神的前提和基础，"创新意识的心理结构主要由好奇心、求知欲、兴趣、怀疑感、自信心、思维的独立性等心理品质构成。"❹

（1）好奇心。好奇心能增强观察的敏锐性，丰富的想象力，活跃思维能力。好奇心强的人，遇事总喜欢刨根问底。

（2）求知欲。求知欲是创新活动心理动力因素。学生求知欲表现为对不理解问

❶ 王磊. 实施创新教育，培养创新人才——访中央教育科学研究所所长阎立钦教授 [J]. 教育研究，1999（7）.

❷ 张立昌. 创新·教育创新·创新教育 [J]. 华东师范大学学报（教育科学版），1999（4）.

❸ 米哈尔科. 创新精神：创造性天才的秘密 [M]. 刘悦欣，译. 北京：新华出版社，2003.

❹ 朱永新. 论新教育论 [M]. 南京：江苏教育出版社，2001.

题的探求思考；对不可靠结论的质疑；对未曾料到的现象表现出惊奇，以及对知识的热爱，对真理的追求。

（3）兴趣。兴趣是创新的持久动力，是建立在需要基础上，带有积极情绪色彩的认知和活动倾向，是学生求知的起点，也是思维培养和创新意识产生的内在动力。

（4）怀疑感。怀疑感是探索创新的动力，它要求人们不满足于表面的和现成的东西，促使人们深入思考问题，直至问题得到解决。

（5）自信心。科学创新离不开自信，有自信的人能确信自己的力量，深信自己一定能实现所追求的目标。

（6）思维独立性。只有独立思考和见解，才会有创新。思维独立表现为有自己独立的见解，敢于发表不同意见。

（二）特征

（1）独特性。创新是一种求"新"的行为，是开创一种原来没有的事物或思想，或者说是在原有基础上增添新的东西，使之具有新的含义，拥有新的功能或作用。因此，创新精神必须具有独特性，拥有其他东西没有的特征。

（2）先进性。创新精神体现的是具有创造性的内容，是开创前无古人的事业，所以它必然具有超越历史的先进性。

（3）冒险性。创新有开拓新的领域、开发新的东西等含义，在结果未知的情况下去开发出新的东西，结果未知，成功与否也未知，所以具有冒险性。

二、创业精神

（一）概念

创业精神是以创新、变革为核心的个性品质，也是推动社会经济变革、促进社会经济发展的重要力量。创业精神这一概念最早出现于18世纪，其含义也是在随着时代的发展而不断变化，有学者将创业精神界定为：创业精神是创业者在创业过程中的重要行为特征的高度凝结，主要表现为勇于创新、敢冒风险、团结合作、坚持不懈等。❶

东北大学顾庆良教授从企业家的视角出发，认为作为企业家应该具备创新思辨、创新能力、商业模式创新、冒险精神及决断力等创新创业精神。他认为，创业需要将各种创新要素结合在一起，并以最有效的方式将创新成果转化为市场价值。因此企业家的创业精神反映在创业思想和创业实践两大方面。❷

---

❶ 吴晓义. 创业基础：理论、案例与实训 [M]. 北京：中国人民大学出版社，2013：15.
❷ 顾庆良. 企业家和创新创业精神 [M]. 北京：北京大学出版社，2016：88.

综合学者们对创业含义的界定，本书认为创业精神是主观与客观的结合，是人们在创业实践过程中所形成的一系列主观意志、态度、思想以及行为表现，主要包括开拓创新、敢于冒险、敢于担当、百折不挠等意志品质，以及独特的市场判断能力和与众不同的行为方式等。由于创业精神不是与生俱来，而是会随着后天的学习和成长而不断积累和变化，因此创业精神具有一定的阶段性特征。随着一个人阅历的增加以及经验的积累，对创业的理解会有所不同，对创业精神认识的全面性程度也有所不同。

（二）特征

经济学家熊彼特专门研究了创业者创新和追求进步的积极性所导致的动荡和变化，将创业精神看作一股"创造性的破坏"力量。综合各个学者对创业精神的理解，本书将创业精神的特征概括如下：

（1）主观性。创业精神作为精神范畴，是人的意识、思维、神志等的综合体现，经历不同，知识积淀不同，每个人的创业精神也会有所不同。

（2）综合性。创业精神是由多种精神特质综合作用形成的，如创新精神、冒险精神、合作精神、拼搏精神等，都是创业精神的特质。

（3）趋利性。创业的初衷来自一个人对物质财富的追求，源自一个人对某种利益的渴求，这些来自内心的、想要得到一种东西的欲望促使一个人去成就一番事业。

（4）时代性。时代给人们创造的条件不同，创业所需的物质基础和精神营养也会不同，随之而产生的就业精神也就有所不同。

第二节　创新创业精神与大学生职业生涯发展

一、创新创业精神决定大学生职业生涯发展的态度

创新创业精神代表一种积极向上、一种敢为人先、一种通过艰苦奋斗追求物质财富的精神，同时创新创业精神也具备一定的造福人类的情怀，所以，一个具有创新创业精神的人，必定会是一个敢于冒险、追求财富，有人类情怀和奉献意识人。创新创业精神作为一种思想观念、个性心理特征和行为模式的综合体，必然会对其生涯发展态度具有重要影响。比如，创新创业思想的开放性、开创性，容易让人接受新思想、新事物，形成开放的态度，敢于开风气之先，从而想他人未曾想，做他人不敢做，成为事业的领跑者。再比如，创新创业精神中的拼搏精神、进取精神、合作精神等，可以使学生树立积极的人生态度，在顺境中居安思危、不懈奋进，在逆境中不消沉萎靡，排除万难，励精图治，重新找到生涯发展的方向。

邓小平强调，"绝不允许把我们学习资本主义社会的某些技术和某些管理的经验，变成了崇拜资本主义外国，受资本主义腐蚀，丧失社会主义中国的民族自豪感和民族自信心。"● 拥有创新创业精神是基础，关键在于也要有奉献意识和担当情怀，要树立起强大的民族自尊心和自豪感，在为国家的发展和服务当中不断实现自己的创新创业梦想，在实现自己的创新创业梦想的过程中奉献社会，服务国家。

二、创新创业精神决定大学生职业生涯发展的高度

创新创业精神是一个人核心素质的集中体现，它不仅决定了一个人在机遇面前的选择，而且决定了一个人的生涯目标和事业追求。具有创新创业精神的人，无论是在决定人生发展还是办事创业上，都会志存高远、目光远大、心胸宽广。无论是在个人事业方面还是个人品德修养方面，都会要求自己达到更高的境界。

随着国家协调推进"四个全面"战略布局，以国内大循环为主，以及供给侧结构性改革的深入落实，目前国内市场潜力巨大，拉动消费相关政策也已经出台。在这种背景下，大学生如果能够有意识地培养自己的创新创业精神，让个人理想与社会发展的趋势和节奏相吻合，就有可能使自己的事业得到发展，个人得到成长。

三、创新创业精神决定大学生职业生涯发展的速度

创新创业精神是一种主动精神和创造精神，这种精神让人积极主动、优质高效地完成自己承担的每一份工作，从而在平凡的岗位上做出不平凡的贡献。实践证明，不管从事什么职业，不管在什么岗位，其强烈的成就动机，其追求增长、追求效益的欲望，都将转化为内心强劲的追求事业成功的动力。在这种动机趋势下，人们会将眼前的工作作为未来事业发展的起点，把握好生命中的每一次机会，做好自己从事的每一项工作。创新创业精神也是一种求真务实的精神，这种精神的实质就是实事求是、讲求实效，就是实干苦干，反对空谈。很多企业家、科学家、政治家、思想家，都是凭借这种精神，从一个普通学子成长为举世瞩目的业界精英。

创新创业精神对大学生职业生涯发展的影响作用举足轻重，当今社会，我国社会发展已经进入新时代，社会的主要矛盾也已经转化为人民日益增长的美好生活需要和不平衡不充分的发展之间的矛盾，中国的发展模式也已经由高速度发展转化为高质量发展，社会新兴行业、新兴产业快速发展，国内外的时局急速变迁。在这样的背景下，要通过弘扬时代精神与民族精神，固化大学生创新创业意志；要通过践行社会主义核心价值观，锤炼大学生创新创业品德；要通过营造文化环境，强化大学生创新创业意识；要发挥教师作用，提升大学生创新创业能力；要通过加强大学

● 邓小平文选（第二卷）［M］．北京：人民出版社，1983：262.

生的自我教育，培养大学生创新创业个性。❶

第三节　西南地区发展与大学生创新创业

一、西南地区发展现状
（一）西南地区简介

西南地区，中国地理分区之一，东临中南地区，北依西北地区。包括四川省、贵州省、云南省、西藏自治区、重庆直辖市等五个省（区、市）。西南地区地形结构复杂，主要以高原、山地为主，其中成渝地区是该地区人口最稠密、交通最便捷、经济最发达的区域。

在我国行政区划概念中，西南地区又被称作西南五省（自治区、直辖市），总面积达250万平方公里。

自然区划概念下，一般指中国南方地区（不含青藏高原）西部地区，主要包括巴蜀盆地、云贵高原、秦巴山地等地貌单元。对应的行政区划上大致包括重庆全部、四川中东部、陕西南部、云南大部、贵州全部、湖北西部、湖南西部、甘肃东南部，也有学者将西南地区定义为：四川、云南、贵州、广西、西藏和重庆，即三省二区一市。❷

本书讨论的西南地区是基于区位、人文等方面进行的定义，主要包括：区位上的四川、云南、贵州、广西、西藏和重庆三省二区一市地区，同时，也包括与这些地区在经济、文化、地理位置等方面相邻或相近的区域。这一区域具备自身发展的不同条件和特点，在一定程度上影响着当代大学创新创业的各个方面，无论是本地大学生创业思维、视野等方面，还是外地大学生到本地创业方面，都与全国其他地区有所不同。例如，大学生在西南地区开展创新创业活动，可能更多需从民族文化、农牧产品销售或深加工、旅游、文创等方面入手。

（二）西南地区的未来发展前景

随着国家西部大开发战略、脱贫攻坚和乡村振兴战略的落实，西南地区发展迎来了前所未有的好时机，乡村种养殖产业、农产品加工产业、农村电商、乡村旅游等欣欣向荣，一片大好。

（1）政策优势。国家分区域对我国东部到西部制定了逐层、逐阶段的发展战略，如：西部大开发战略，西部地区的生态重建、资源开发和城市化进程为创业者

❶ 王海亮，王欣欣.论"课程思政"视域下大学生创新创业精神培育与实践能力提升［J］.佳木斯大学社会科学学报.2020，38（6）.
❷ 粟庆品.西南地区创业风险投资环境评价与策略研究［J］.特区经济，2012（6）：20-23.

提供了无限可能。随着中国共产党第十八次全国代表大会和中国共产党第十九次全国代表大会的顺利召开，一系列卓有成效的农村脱贫攻坚和乡村振兴政策逐步落地，为西部地区农村的发展带来机遇。同时，国家加大环境保护力度，加强西部地区原始旅游资源开发的政策也相继落实，这为创业者在开拓乡村旅游板块创造了条件。

（2）资源优势。西南地区由于地势险峻，交通难度较大，这也为该地区带来了得天独厚的天然旅游资源和得天独厚的人文民俗文化资源。这些资源因为没有受到太多现代化因素的影响，大多数都还保留着原初状态，这就为打造原汁原味的乡村旅游提供了良好的条件。

（3）人员优势。大学生到西南地区创业，为西南地区发展带来了雄厚的人员和技术支持。大学生年轻，具有扎实的基础理论知识，思维开阔，想象力丰富，具有较强的创新意识和敢为人先的冒险精神，因此，对于大学毕业生到西部创业，具有自身的多重优势，而这也是创业者创业成功必须具备的条件。

（三）西南区发展的现实性阻碍

（1）区位阻碍。西南西区地处中国西南边陲，交通闭塞，加之西南地区大多为喀斯特地貌，因此为基础设施施工带来许多现实压力。没有了便利的交通条件，外面的新事物进不去，里面的东西也出不来，这就为东西两地的技术资金交流带来现实阻碍。同时，由于地理条件的限制，西南地区赖以生存的农产品销售也成为现实性问题。西南地区的区位条件为发展带来了许多现实阻碍，这也为大学生在西南地区进行创业带来了阻碍。

（2）技术壁垒。由于西南地区的区位条件，使得新技术无法更快地进入地区发展内部，许多发展急需的技术攻关也大多是东部地区提供，很少有建立在地区自身基础上的创新和技术攻关。大多的技术人才也都集中在东部地区，西部地区由于发展确实有限，导致了大量技术人员外流，这也就使得西南地区本土的技术突破存在较大的壁垒。

（3）人员缺陷。大学生创业虽说有自身的优势，但也存在许多方面的不足。一方面，大学生有一些自身缺陷，思维活跃但经验缺乏，加之年轻不成熟，在创业时总是想得多做得少。另一方面，大学生创业也存在许多客观条件限制，例如项目的选择、商业操作的能力和管理水平等。概括来讲，主要有经验欠缺、知识不全、项目不适应、能力不够以及意志不坚定等方面。❶

---

❶ 孙玉梅，张吉松，苏凤. 大学生就业、创业理论指导与实践分析［M］. 北京：中国纺织出版社，2017：110.

二、西南地区发展对大学生创新创业的影响

（一）西南地区发展对大学生创新创业思维的影响

西南地区的独特区位条件决定了其发展方式和发展思路，由于西南地区具有自身资源优势、人文民俗优势，但缺乏技术资金和人员支持的特征，基于西南地区的这种特征，最好的发展模式是基于西南地区自身的条件进行产业开发。为此，有学者提出了从内生发展理念的角度来分析西南地区城郊发展的思路，主要从人、地和产业的角度阐述了西南地区城郊方面的发展规划思路，见表1-1。

表1-1　内生发展理念下西南地区城郊发展思路

项目	发展思路	细化思路
人	自我激活	被动式要求始终做不到持续性发展，中国台湾地区乡村通过鼓励居民参与地方公事、培养自主能力凝聚认同等方法实现乡村社区持续发展。通过统一管理方式让村民参与集体事务，采取村民融资渠道和政府拨款等手段获得一定创业资金，调动村民投入村庄建设的自发性，进而提高乡村发展的内生力，能更好地实现乡村可持续发展
地	功能复苏	村庄发展强调的是乡村与城市发展模式的不同，突出乡村与乡村的不同，讲求地域化发展。打造独特地域空间发展体系：宏观上区域联动发展，利用生态体系打造山水田园村的优美自然格局，整合乡村地区周边资源；发挥城郊村的区位与交通优势，加强区域间联系。中微观上把握地域乡土文化风格和村庄整体形态，优化复合村庄内的各功能分区
产业	多元融活	基于村庄目前面临的发展需求，按近远期建设分步考虑，从产业发展优势条件、产村融合发展等方面确定产业定位和目标。根据产业发展目标，从坚持发展传统经济、挖掘特色产业、促进乡村三产融合和实现互联互通式产业发展等方面深入思考，详细规划多种村庄发展策略，并为未来的多元化融合产业导向与产业空间载体所奠基

资料来源：胡汪琪，车震宇，向剑潇，等. 内生发展理念下西南地区城郊乡村规划策略探究——以云南安宁市珍泉村为例［J］. 中国名城，2021，35（2）：52-57.

通过对内生发展理念下西南地区城郊发展思路的了解和分析，不难看出，无论是人、地还是产业，其发展思路都是从自身条件出发，在已有的资源环境条件下挖掘特色，开发发展模式。对于西南地区大学生创新创业来说，也应该因地制宜，从地区自身条件出发，在分析和考虑基本条件基础之上，再进行产业模式、创业构想的探索和实施。为此，大学生若想在西南地区进行创新创业，也必须遵循这一原

则，必须尊重西南地区自身条件，合理利用和开发西南地区自身资源禀赋，合理利用西南地区具备的自然和民俗资源。在创新创业思维上，也应该遵循对人进行自我激活，对地进行功能复苏，对产业进行多元融合的发展思路。

（二）西南地区发展对大学生创新创业实践的影响

基于前文对西南地区发展对大学生创新创业思维方面影响的讨论，可以发现，西南地区自身的条件使得创新创业应该更多地建立在内生发展理念之下，这就对大学生在西南地区的创新创业实践产生了一定影响。基于这一思维基础，目前，西南地区的创新创业大都围绕特色农产品、生态旅游、农村电商等展开。

陈仕玲，叶明霞，蒋辉（2020）采用了 2008—2017 年面板数据，构建了乡村振兴评价指标体系和生态旅游评价指标体系，分别计算了贵州、云南和四川三省的耦合度、耦合协调度和综合发展值。探索西南地区生态旅游与乡村振兴耦合发展关系以及存在于西南地区的"生态旅游——乡村振兴"耦合发展系统。结果表明：①云贵川三省生态旅游与乡村振兴的耦合程度隶属耦合的成熟阶段；②云贵川三省生态旅游与乡村振兴耦合协调度总体上呈现出上升的发展态势，且二者都达到中度协调；③云贵川三省生态旅游子系统与耦合系统协调度发展态势基本一致；④三省耦合系统的耦合协调度高低由各子系统的综合发展水平决定。[❶] 从这项研究中可以看出，目前，云贵川三省的生态旅游开发已经到了一个比较成熟的阶段，而三省发展生态旅游的水平由各省的综合发展情况决定。为此，在进行生态旅游地开发的实践当中，应该要考虑当地发展的综合实力，并将此作为创新创业一个基础考虑因素。

【拓展阅读】

（1）张炜.《德鲁克创新与创业精神》，上海人民出版社，2002-09-01.

（2）孙玉梅，张吉松，苏凤著.《大学生就业、创业理论指导与实践分析》，中国纺织出版社，2017.

（3）吴晓义.《创业基础：理论、案例与实训》，中国人民大学出版社，2013.

（4）顾庆良.《企业家和创新创业精神》，北京大学出版社，2016.

【本章小结】

本章内容主要介绍了创新精神和创业精神的含义及特征，在此基础之上讨论了创新创业精神对大学生职业生涯规划的影响，无论是对大学生职业生涯规划的高度、广度和深度方面，都会产生一定影响。紧接着讨论了西南地区与大学生创业，

---

❶ 陈仕玲，叶明霞，蒋辉.西南地区"生态旅游—乡村振兴"耦合发展研究——基于云贵川三省的分析[J].农村经济与科技，2020，31（21）：100-104.

西南地区为大学生创新创业提供了条件，但也相应地会给大学生创新创业带来影响，在创业思维上要树立内生发展理念，在创业实践上，要基于乡村振兴和生态旅游，结合各地区综合发展情况进行创新创业实践。

【思考与实践】

（1）大学生需要具备哪些创新和创业精神？

（2）创新创业精神对大学生职业生涯规划产生的影响有哪些？

（3）西南地区创新创业具备的优势条件和存在的现实阻碍有哪些？

（4）大学生应如何更好地在西南地区实现创业目标？

第二章　创新与创业

【教学目标】

通过本章的学习，作为当代大学生，需要了解在这个创新驱动发展的时代中，创新对于财富创造的重要性以及创新者需要具备的素质特征，在理解创新的概念、类型、模式、过程和方法的基础之上，探索和掌握创新与创业的关系。

【教学要点】

1. 创新与财富
2. 创新者素质
3. 创新概述
4. 创新与创业的关系

【案例导入】

餐馆也有别样风味

创业项目：老地方青年菜馆

在重庆邮电大学和重庆交通大学，都有一家"老地方青年餐馆"，创业者是毕业于重庆交通大学涉外土木工程英语专业的宁瑞忠。与一般的菜馆不同，除了卖吃的，他还会在菜馆中举办各种分享会，将其打造成一个工科男青年的聚集地，受到追捧，一直以来，他都希望能开一个店，把志同道合的青年们聚到一起，可以聊青春，一起旅行。不过，想要开一家这样的店，并非易事。在开办这个"老地方青年菜馆"之前，宁瑞忠还开过"宅小二网络超市""宅小二水果店"。四年开了三个店，第一个亏了，第二个也转手了。过程是心酸的，宁瑞忠当时一个人租房在交大校园内，把客厅当仓库，还雇了两个兼职生帮忙一起送货。宁瑞忠心疼钱，大多数时候都是他自己骑着自行车去送货，每到中午和晚上的饭点，他常常载着十几盒盒饭到各个园区跑，而他只能从饭馆赚到每盒饭5角钱的利润。而水果店也不好做，曾经一晚上吃了几斤樱桃，就是不想浪费和坏掉。

"老地方青年菜馆"是专门为"工科男"量身打造的。饭馆提供分量足、价格实惠的家常菜，但开百店半个月里生意仍然很清闲，打算在校园这块"餐饮宝地"大干一场的宁瑞忠心慌了，他马上做了一场"徒步旅行分享会"，邀请了圈内的徒步达人到店里和大家分享经验，还在世界熄灯日做了"情侣烛光晚餐会"，有足球比赛时邀约大家一起观看，渐渐地，餐馆成了他心中想的那样。

如今，"老地方"的脚步已经从重庆交大走到了重庆邮电大学，未来还会走更远。"老地方不只是吃饭的地方，也有带队旅行和旅行分享会。"宁瑞忠说。

【案例思考】

案例中大学生宁瑞忠是如何把传统的菜馆开成了"工科男"吃饭聚会的"老阵地"的呢？大学生创业者应该如何根据时代的变化让传统行业焕发新的生机？

【案例点评】

本案例中的大学生创业者宁瑞忠在传统餐馆行业的基础之上，瞄准大学生群体，特别是"工科男"大学生的需求，将餐馆打造成集吃饭、聊天、休闲、旅行等于一体的现代个性化餐馆。通过新元素、新功能的注入，让传统的餐馆更具时代性和需求性，也是当下大学生比较青睐的休闲娱乐方式。该案例体现了创新在创业过程中的巨大作用，同时也表现出了创新者需要具备的素质和能力。

第一节　创新与财富

创新始终是推动一个国家、一个民族向前发展的重要力量。我国是一个发展中大国，正在大力推进经济发展方式转变和经济结构调整，必须把创新驱动发展战略实施好。实施创新驱动发展战略，就是要推动以科技创新为核心的全面创新，坚持需求导向和产业化方向，坚持企业在创新中的主体地位，发挥市场在资源配置中的决定性作用和社会主义制度优势，增强科技进步对经济增长的贡献度，形成新的增长动力源泉，推动经济持续健康发展。❶ 创新是推动一个国家和民族进步的源泉，

---

❶ 习近平：加快实施创新驱动发展战略　加快推动经济发展方式转变［EB/OL］. 中国共产党新闻网，http://cpc.people.com.cn/n/2014/0819/c64094-25490969.html.

当今世界国际力量的竞争，在很大程度上表现在科技力量的竞争和创新实力的竞争上，创新是促进财富积累的重要手段和方式，也是促进经济社会发展的重要方式。

一、创新驱动经济增长

中国共产党第十八次全国代表大会报告为全面建成小康社会设定了体现以人为本的居民人均收入倍增的新量化目标，强调质量效益为发展的立足点，要求将"创新驱动"作为新经济发展方式的新动力，提出指导经济体制改革的"三个平等"的公平竞争理论，推动经济可持续发展的"四化同步"思想，以及实现绿色发展建设美丽中国的新观点，为下一阶段中国经济发展方式转变指明了前进方向。❶

中国共产党第十八次全国代表大会报告指出，"只有推动经济持续健康发展，才能筑牢国家繁荣富强、人民幸福安康、社会和谐稳定的物质基础"，强调必须"要适应国内外经济形势新变化，加快形成新的经济发展方式，把推动发展的立足点转到提高质量和效益上来"。当前经济发展的主要任务就是处理好"稳增长"和"促转型"之间的关系。经济发展转型表明，当前经济增长将不再以牺牲资源和环境为代价，而是要转换发展模式，培育经济增长新的内生动力。为此，一方面需要优化生产要素和资源的分配与投入，引导产业升级；另一方面，要注重居民生活质量的提升，努力推动经济平衡发展，让所有人共享经济发展成果。

在上述经济发展转型要求的促使下，靠"要素驱动"经济发展的模式已经不能满足时代发展需求，逐渐转换到通过技术进步来提高劳动生产率的"创新驱动"发展模式，从过度依赖"人口红利""土地红利"转向深化改革来形成"制度红利"，促进经济内生增长。推动创新驱动战略，还需要从宏观层面进行全面部署和战略规划，要全面整合资源，推进技术创新工程，建立起以企业为主体、市场为导向、产学研相结合的技术创新体系，促进创新链、产业链、资本链、人才链"四链融合"；完善知识创新体系，强化基础研究、前沿技术研究、社会公益技术研究，提高科研水平和成果转化能力，抢占科技发展战略制高点；运用高新技术加快改造提升传统产业，促进高技术产业发展和传统产业高技术化，提高产业技术创新能力和市场竞争力。充分发挥人才资源为第一资源的作用，坚持尊重劳动、尊重知识、尊重人才、尊重创造的重大方针，利用人才创新创业带动先进技术的应用。❷

二、制度创新与经济增长

创新驱动不仅只包含新技术，企业内生的包含新方法、新思想、新态度和新观

❶ 辜胜阻.创新驱动战略与经济转型［M］.北京：人民出版社，2013：1.
❷ 同上：5-6.

念。为此，广义的创新内生的包含机制、体制、法制等方面的制度创新，也就是我们通常所说的改革。制度是调整人类行为的规则，是收入的过滤器和调节器，是一种激励机制，是一种游戏规则。[1] 制度为人类提供了一个基本结构，它为人民创造出秩序，并试图降低交换中的不确定性。[2] 在创新型国家建设过程中，作为激励功能的制度可以充分调动人的积极性海河创造性，发挥人的潜能；作为市场配置功能的制度可以充分调动包括资金资源在内的各种社会资源并实现这些资源的优化配置；作为资源整合功能的制度可以实现资金、人才、技术三大高科技要素的互动和集成，发挥合力作用；作为服务保障功能的制度可以营造良好的环境，促进创新的顺利完成；作为文化培植功能的制度可以形成尊重创新、敢于创新的社会氛围。[3]

中国共产党第十八次全国代表大会报告提出了指导经济体制改革的新理论，认为经济体制改革的核心问题是处理好政府与市场的关系，特别强调各种所有制经济依法"平等使用生产要素、公平参与市场竞争、同等受到法律保护"的"三个平等"的公平竞争观。落实平等竞争观需要深化改革，利用改革形成新的制度红利。过去三十年，第一个十年是农村农业改革所创造的制度红利，第二个十年是国企改革的"黄金十年"推动了经济可持续发展，第三个十年改革主要是加入 WTO 以后"开放倒逼改革"的十年。三个阶段的改革创造的"制度红利"推动了中国经济辉煌，初步建立了社会主义市场经济体制。[4] 当前，要以落实"三个平等"为契机，不断深化市场经济体制改革，形成新"制度红利"，激发新一轮经济增长活力。落实"三个平等"的公平竞争观需要采取以下三方面措施：一是要加快要素市场改革，建立要素价格的市场化形成机制，创造平等使用生产要素的前提条件；二是要深化垄断行业改革和国企改革，减少行政审批，营造不同市场主体公平参与竞争的市场环境；三是要依法保护不同市场主体的合法权益，构建同等受到法律保护的法治环境。

政府作为制度创新的主体，辜胜阻[5]教授从财税制度、金融制度、法律制度和人才制度创新四个方面论述了政府制度创新的方向和举措：

（一）财税制度创新

国家的财政政策在推动建设创新型国家中发挥着关键作用，政府通过直接控制

---

[1] 辜胜阻. 企业创新是国家强盛的基石 [N]. 人民日报，2007.

[2] 道格拉斯·C. 制度、制度变迁与经济绩效 [M]. 诺斯，刘守英，译. 上海：上海三联出版社，1994：158-159.

[3] 辜胜阻. 创新驱动战略与经济转型 [M]. 北京：人民出版社，2013：10.

[4] 同上：6-8.

[5] 同上：10-15.

和调节，从收入和支出两个方面来影响国家资源分配。政府支持创新的财政税收政策主要包括以下几个方面：①要加大财政科研投入，调整投入结构，提高科研投入使用效率。要逐步加大财政科研投入，调整科研投入在基础研究与应用研究、大学科研院所与企业之间的分布结构，吸引更多企业参与研究和创新，促进研发主体从国有科研机构和大学转变为企业；②要完善支持创新的政府采购政策。进一步研究对国产高新技术产品的"首购"政策和"优先购买"政策，重视通过对国外技术产品的引进消化吸收带动本国企业创新；③要改革税收制度、强化政策执行力度。要转变进出口税收政策优惠的重心，实现进口税收政策的优惠从对企业进口整机设备逐渐转变到鼓励国内企业研制具有自主知识产权的产品和装备所需要的重要原材料和关键零部件上；要优化所得税制度，允许企业按销售收入的一定比率在税前提取科技发展准备金。

（二）金融制度创新

融资难是企业技术创新最大的瓶颈，也是建设创新型国家的重大障碍，构建一个支持创新的多层次金融体系是政府迫切的任务。①完善多层次资本市场。一方面，要在支持高技术产业进程中，做强主板，壮大创业板，大力推动新三板和产权交易市场的发展。另一方面，要构建完善的创业投资链，大力发展风险投资和私募股权基金，完善天使投资机制；②发展中小社区银行，扩展间接融资渠道。首先，要建立面向科技型企业的中小社区银行，借鉴美国硅谷银行的模式，优先在高新技术开发区鼓励民间资本试办社区银行，化解科技型创业企业融资难问题；其次，规范发展非正规金融。放松金融管制，引导民间非正规金融发展成社区银行或互助合作性金融组织；再次，完善信用担保制度。建立包括以政府为主体的非营利性信用担保、商业性信用担保和互助性担保在内的多层次的信用担保体系。

（三）法律制度创新

完备的法律体系是国家占领技术创新制高点、保持技术领先、获取长期竞争优势的重要保障。首先，要加强立法，根据《科技进步法》的基本框架，做好配套制度的制定和实施，加强配套细则实施过程的调研和评估，及时发现实践中的问题并提出解决措施，不断完善有利于自主创新的制度环境。其次，要以《国家知识产权战略纲要》的启动实施为契机，加强自主知识产权保护战略。再次，要积极参与国际知识产权领域的交流合作，为扩大国际经济技术合作创造良好条件。

（四）人才制度创新

第一，创新人才引进聘用模式。打破国籍、户籍、身份、档案、人事关系等人才流动中的刚性制约，通过人才的"柔性流动"，使更多的海外留学人员能更方便地回国服务。同时，通过兼职、开展合作研究、回国讲学、进行学术技术交流、从事考察咨询、开展中介服务等各种适当形式实现海外留学人员回国发展。

第二，建立全国性的留学人才信息系统。解决当前留学人才供求信息不对称的问题，需要建立一个全国统一、便利高效、准确丰富的留学人才信息系统，从而使在外留学人员能够查询到国内准确的人才岗位需求信息，使国内用人单位也能查询到海外留学人员的供给信息。

第三，完善留学人员回国创业的保障体系。建设创新型国家，不仅需要吸引留学人员回国从事教育科研，更需要鼓励大批优秀留学人员归国创业。留学人员回国创业的支持体系的核心是要以留学人员的创业园为载体，在创业上支持留学人员以专利、专有技术、科研成果等在国内进行转化、入股，创办企业，并对留学人员创办的高新技术在税收、融资、劳动人事等方面提供便利，建立和完善留学人员的社会保障体系。

三、企业创新与转型升级

落实创新驱动的发展战略，关键是要把创新型国家意志变为企业行为，使企业在生存发展中融入和落实国家意志。在市场经济环境下，企业会在市场机制的激励下从事技术创新，企业家能够通过市场来实现生产要素的重新组合，发挥其他组织和个人无法替代的重要作用。所以，在创新型国家建设过程中，企业是技术创新、技术开发和科技投入的主体。❶ 企业要实现转型升级，就要摒弃传统的单打独斗的局面，以更加宽广的视野和胸怀容纳技术合作伙伴的加盟，在实现自主创新的同时，实现技术合作，打造领域合作创新增长极。

（一）创新要素的集聚与激励

为了使企业真正成为技术创新的主体，必须引导创新要素向企业集聚，建立有效的激励机制。首先，在加大政府科研经费的同时，企业也应该积极转变发展观念，加大企业研发资金投入，提高 R&D 经费投入强度。其次，要重视研发人员在企业发展中的重要作用，进一步提高研发人员的待遇，并采取多种措施吸引研发人才向企业集聚。再次，要建立以鼓励创新为导向的人才激励机制。要通过不断完善分配方式和奖励形式，形成切实有效的激励机制，充分调动创新型人才的积极性和创造性，鼓励科技人员以自主知识产权、科研成果等为资本，参与企业投资和收益分配。最后，要培育优秀的企业文化。一要重视企业家创新精神的培养。创新型企业家，对企业能否成为技术创新的主体以及企业技术创新能否成功，都具有举足轻重的作用。❷ 建立以市场为导向的企业家激励制度，对于充分发挥企业家的创新精神具有关键作用。二要重视员工创新积极性的发挥。要在加强员工培训力度的同

❶ 辜胜阻. 创新驱动战略与经济转型 [M]. 北京：人民出版社，2013：15.

❷ 王顺义. 创新型国家呼唤创新型企业家 [N]. 上海快科技报，2006.

时，注重培养员工的自主学习能力；要鼓励交流合作，强化研发人员的市场意识，实现不同部门的员工、研发人员及客户之间的主动交流；要在企业中营造鼓励创新、宽容失败的氛围，为员工提供舒适和宽松的工作环境，将企业建成创新者的乐园。

（二）技术引进与消化吸收

当前，在自主创新和技术引进的关系上，社会上存在着两种认识上的误区：一是认为自主创新是完全依靠自己创新，忽视合作与开放；二是认为模仿创新成本低，盲目依靠技术引进。事实上，现代技术的综合性与复杂性决定了企业不能单打独斗、自我封闭。首先，企业要加大对引进技术和合作技术的研发投入，实现企业的技术创新要由重引进向重引进消化吸收的转变。其次，要提高技术引进的适用性和有效性。从现实经验来看，一些企业盲目引进国外最新的技术，却没有考虑到具体的国情和企业的生产技术条件，造成巨大的浪费，也没有获得明显的经济收益和创新能力的提升。因此，在引进技术之前要对引进的技术做充分的评估和分析。再次，创新多种形式的引进技术方式，特别要借鉴三峡工程走"引进技术、联合设计、合作制造、消化吸收"的自主创新和技术引进相结合的道路的模式，❶ 做好技术引进过程中的制度安排，走自主创新与技术引进相结合的道路。

（三）合作创新机制

在建设创新型国家中，大学、科研院所和企业承担着不同的功能，大学和科研院所主要进行知识生产、传播和人才的培养，积极参与到产学研合作创新中，为企业创新提供源源不断的支持力量。然而，长期以来，我国大学、科研院所和企业缺乏必要的合作。因此，要推进合作创新，实施有效的产学研合作，使企业与大学、科研院所实现互惠增长。首先，要灵活选择合作创新的形式。企业要根据自身条件和需求灵活地选择合作创新形式，在我国，由政府引导的产学研合作创新是一种有效的方向。其次，要明确风险分担和收益共享机制。要有效地确定和解决合作创新的风险分担和收益共享的难题，一方面，要强化沟通和交流，建立信任机制；另一方面，要建立完善的契约体系，明确合作创新各方的权利和义务、风险和收益，建立制度化的约束机制。

第二节　创新者素质

茫茫人海，或许每个人都具有一定的创新意识，但不是每个人都能成为创新

---

❶ 科技部办公厅调研室．我国产业引进消化吸收国家技术与发展自主知识问题研究报告［R］．2006 年科学技术部重大调研课题研究报告，2006：12．

者，创新者有其自身的知识和能力素质，只有具备这些能力和素质，才能称得上创新者，也才能在创新创业过程中有所突破。

一、创新者的能力

国内学者史慧（2015）在其博士研究中提出，创新能力是指综合运用已有的技术与知识，在各类活动、各个领域运用新的方法，创造性地提出具有经济、社会、科学等价值的新发现、新理论、新方案的能力，是一个人在创新过程中提出问题、分析问题、解决问题等能力的综合体现。❶ 创新能力是指在各类实践活动和技术领域中，能够不断提出具有经济价值、社会价值和生态价值的新思想、新理论、新方法和新发明的能力。❷

创新者的能力主要指创新者自身所具备的一系列有助于进行创新的主观条件，这些主观因素和条件可能是创新者与生俱来的，也可能是创新者在后天的学习和生活过程中获得的。创新者在通过平时的学习和生活，开拓视野，提升全面认识世界的能力，形成自身内在的在创新方面独到的看法和视角，成为在创新方面所具备的综合素质和能力。

二、创新者的能力结构

创新绝非易事，并不是单靠一腔热血、勇气和信心就能行实现创新，创新者需要具备一定的能力结构，创新者的能力主要由创新意识、创新观念、创新动机、创新目标、创新意志和创新素质等方面构成。❸

（一）创新意识

创新意识指人们自发产生的创造新事物或新观念的意向和愿望。创新意识是人们进行创造活动的出发点，是进行创新活动的内在动力，其突出表现是对现有知识的不满足，对权威的不盲目迷信，敢于质疑。对大学生而言，创新意识的形成是多种客观因素长期作用的综合产物，会受到知识和能力水平的制约。培养大学生良好的创新意识是大学生自主创新能力培养的首要前提。

（二）创新观念

不同的人在社会活动中将形成不同的价值观念，价值观念的不同对创新活动的影响也有所差异。西方文化的价值观念是以个人主义为导向，比较看重独立性、自主性和创造性。然而，东方文化更倾向于强调集体主义价值观，倡导顺从、合作、责任感和对集体中权威的认可。因此，鼓励学生转变观念，培养学生具有敢于打破

❶ 史慧. 高校创新人才培养模式研究［D］. 天津：天津大学，2015.
❷ 张立. 新形势下大学生创新能力培养问卷调查及对策研究［D］. 福州：福建师范大学，2020.
❸ 陈燕. 大学生自主创新能力的人才培养研究［J］. 中国商论，2016（31）：178-179.

常规和质疑权威的勇气，形成自主创新观念是大学生自主创新能力培养的重要一环。

（三）创新动机

与创新观念相似，创新动机也是多样的。一般而言，创新动机可分为内在动机和外在动机两种类型。内在动机是自发的，创新者进行自主创新活动的出发点是对创造新事物的内在兴趣。内在动机可以促使创新者努力克服创新活动过程中的困难，并从中获得成就感，有利于自主创新活动的产生。外在动机是来自外界的，创新者进行自主创新活动是由于受到外界要求或引导的作用，对于自主创新的推动作用相对于内在动机而言有所差异。因此，使学生具备进行自主创新活动的内在动机是大学生自主创新能力培养过程中不可忽略的一个组成部分。

（四）创新目标

创新目标在大学生的自主创新能力培养中扮演着重要角色。正确的自主创新目标对大学生进行自主创新活动具有两方面影响，即引导作用和激励作用。正确的自主创新目标不是凭空产生的，而是综合分析历史经验、现实条件和自身状况之后确立的。在实现创新目标的过程之中，创新者面临着许多不确定因素和难以预料的风险，需要明确而健全的创新目标起导向作用。与此同时，创新目标的确立将给创新者提供源源不断的动力，激励创新者克服创新过程中的困难，突破学习、工作、思维的惯性，取得创新性成果。对于大学生而言，自主目标的确立是认真思考和自主决策的结果，是自主创新能力的重要体现。

（五）创新意志

创新意志是指创新者在自主创新活动中，为克服阻碍和困难，实现自主创新目标的心理活动。具有顽强自主创新意志的创新者大都具有不达目的不罢休的追求精神。而在创造新事物或新观念的过程中充满大量的偶然现象和不确定性因素，遇到挫折在所难免。面对挫折和困难，创新者很容易就会动摇和放弃，而顽强的自主创新意志是自主创新活动得以实现的有力保障。对于当代大学生而言，他们面临的创新竞争尤为激烈，面临的创新环境格外复杂。在这种背景下，自主创新目标的实现需要大学生锻炼顽强的自主创新意志，为成就创新事业提供有力保障。因此，自主创新意志是大学生自主创新能力的重要组成部分。

（六）创新素质

对于大学生而言，创新素质包含心理素质和身体素质两个方面。一方面，大学生自主创新能力培养的关键是对大学生观察、记忆、思维、想象以及合作、组织、交往等心理素质的培养。观察能力是开展创新活动的基础，记忆能力是提高认识水平，促进思维发展的重要条件，思维能力对于认识客观事实和规律具有重要作用，想象能力是激发创新的重要条件，合作、组织和交往能力则是依靠团队协作实现自主创新的前提。另一方面，大学生良好的身体素质是开展创新活动重要基础，具有良好身体素质的大学生才具有良好的操作能力，这是实现自主创新活动的有力保障。因此，良好的心理素质和身体素质同样是大学生创新能力的重要组成部分。

综上，创新者要实现创新，必须培养创新意识，转变陈旧的创新观念，强化自身创新动机，树立合理的创新目标，锻炼自身的创新意志和培养创新素质。只有当这些条件基本满足，创新者才可能在创新事业上有所成就和建树。

三、大学生创新能力的开发

当代大学生主体有其自身的特点，为此，在进行创新能力开发过程中也需要根据大学生自身特点进行开发。❶

（一）当代大学生的特点

（1）探索未知的好奇性。大学生进入大学这一新环境后，也进入到科学的神圣殿堂，其求知的兴趣也向四面八方延伸，在这里，他们如饥似渴地吸收各类知识。同时，基础不同，擅长的方向不同，他们也慢慢体会和见证到"山外有山，人外有人"的情况。为此，他们的思路进一步开放，视野也进一步打开，将自身的好奇心转变成一种求知欲。

（2）思维联想的灵活性。大学生群体的思维联想往往较为流畅、较为灵活。与其他青年群体相比，大学生群体的智力水平较为突出，因而他们的思维能力联想能力都能达到较高层次。同时，由于大学生乐于思考和勤于思考，喜欢将所遇到的问题与理论上或实际中的参照对象作联想对比，并且他们不会在这种联想中为自己设置任何思维障碍，这也使大学生的思维联想更具灵活性。

（3）追求目标的执着性。一旦大学生树立了崇高的理想、坚定信念以及科学的社会观，就极易形成他们追求目标的坚毅性和执着性。

（4）质疑权威的勇敢性。和其他青年群体相比，大学生群体的理性思维已经达到了较高水平，他们往往不为学术权威、科学巨匠、文坛泰斗等声名所动，敢于质疑和挑战这些权威和"大人物"。

（5）运动知识的有效性。大学生因为受到高等教育的洗礼，在学习方法上和学习能力上有较大的进步，他们所形成的较为发达的智力水平和较为充实的知识储量，再加上较为完善的自学能力，使他们运用知识的有效性大大增强。与其他青年群体相比，绝大多数大学生不但能够正确地运用知识来解答自己在学习中遇到的难题，而且能够正确地运用知识来解决自己思想上的难题。

---

❶ 李才俊. 大学生创新能力培养新探 [M]. 重庆：重庆出版社，2006：224-249.

（6）价值取向的正确性。大学阶段是大学生群体世界观、人生观、价值观和社会观形成的关键时期。大学生们需要树立坚定的人生目标以支撑其走完漫长的人生探索之路，大学生们在思索、在寻找，在这一过程中，他们经过不断反思和探索，大多数人能够在处理个人关系和社会关系上获得正确的答案。

（7）矛盾性因素多端丛集。大学生群体的自然属性与其社会属性的矛盾运动具有特殊性，这首先反映在大学生身心机能与其社会化进程的不平衡性上。这种"不平衡性"包含两个方面的内容：一是指大学生所具有的"能量"水平与他们释放"能量"的条件之间存在不平衡性；二是指大学生的心理水平与他们的社会地位和所扮演的特殊角色之间存在的不协调性。由此带来大学生群体矛盾性因素多端丛集。❶

（二）大学生创新能力开发的方法和途径

回顾以往大学生创新能力开发，主要有3种模式：①观摩式或经验传授式创新能力开发。这种能力开发模式是最早的一种方式，主要是通过总结发明家成功的经验，提炼归纳出发明的范例和技巧，让学习者在观摩发明范例，学习传授的经验、技巧中开发创新能力。②创造工程式创新能力开发。主要是以讲授创造技法和发明方法开发创新能力。③创造性教育式创新能力开发。例如，美国大学中许多专业课程运用创新性思维技巧进行了改革和改造。以下介绍几种专项创新能力开发训练模式。

（1）提高认识问题能力的训练。训练的目的是提高发现问题、表述问题的能力和技巧。定期组织学生对所发现的问题进行讨论，在讨论过程中去发现更为具体的问题，从而激发创新意识和能力。

（2）树立创造的积极态度的训练。梅根鲍姆以各种职业的成年人为对象开设的改变自我形象、开发创新能力的课程，采取了自我教学方法，要求学习者遇到问题和解决问题时，对自己做三种陈述，也就是自己与自己对话。第一，心理能力自我陈述：估量所遇到的问题，我能够、我必须做什么？第二，返回幼稚状态的自我陈述：放松控制，让思绪随意漂浮，自由联想，听其自然，绝对松弛，让思绪流淌、回旋；回想过去的经历，但把它想成另一种情况；在心里使自己返回到幼稚状态。第三，态度和人格自我陈述：我要有创新能力，我要有独创性；我要摆脱常规；只有不断要求自己，我就会有创新能力。

（3）提高说服力的训练。说服别人支持自己的创造性设想是使发明创造得以实施的一个重要条件，也是开发创新能力的一个方面。例如，通过情景模拟，让学习者为得到经费而练习各种不同的表达方法。

---

❶ 孙志芳，栾丽杰．大学生学［M］．山东：黄河出版社，1990：29.

第三节　创新概述

一、创新的概念

熊彼特将"创新"作为一个专门的经济学术语，他将"创新"定义为：第一个将新的产品、方法或者系统引入经济体中。创新除了商业创新，也包括军事、卫生、健康等领域的创新。

创新（innovation）在《现代汉语词典》里是这样解释的：抛开旧的，创造新的；指创造性。1912年，美国经济学家熊彼特在《经济发展理论》中指出：创新就是建立一种"新的生产函数"，是生产元素新的组合。简言之，创新就是创新者在前人所取得的成果基础上的推陈出新。德伦特（Drenth，1995）认为，创新是一种把观念转化为产品、服务、新的生产分配的过程，包括了创造、设计、开发、生产、营销等不同的阶段；同时，创新又是一种上述过程产出的结果。美国著名管理学教授斯蒂芬·P·罗宾斯（Stephen P. Robbins，1997）认为创新是形成一种创造性思维并将其转化为有用的产品、服务或作业方法的过程。马克思认为创新是指新事物的产生和旧事物的灭亡。具体来说，就是突破常规，提出新想法、新思路，创造新事物。我国学者邓金娥（2019）提出，创新主要指的是用新的思维、新的视角、新的视野以及新的方法，对原有的事物进行加工和处理，并且采用新的方式进行组合，也就是说利用前人已经完成的基础或者目前可以得到的资源进行组合，然后通过自身的努力，得出新的方案，这样的创新指的是一种能力❶。

总体而言，创新就是突破已有的旧事物、旧观念，形成新事物、新理念，作为一种人类社会发展性成果，对社会发展起到一定程度的推动作用。

二、创新的类型

顾庆良❷教授从不同维度对创新进行了分类：

（一）常规性创新、突破性创新、演进式创新及颠覆式创新

常规性创新（ordinary innovation/normal innovation）：这类创新在技术上没有本质的改变，尽管如此，常规性创新在技术进步和企业发展中仍然具有重要的、不可或缺的作用。因为大多数是在常态下常规的创新，这些创新实用且有效。同时，正因为这类创新的积累（知识、经验、人才），才会有以后的革命性的创新。

---

❶　邓金娥. 国际视野背景下高职财务管理专业人才培养模式创新与实践 [J]. 商业会计，2019（1）：23-25
❷　顾庆良. 企业家和创新创业精神 [M]. 北京：北京大学出版社，2016：97-104.

突破性创新（break through innovation）：这类创新在技术上有突破性改进与提高。这种技术上的突破为技术升级打通了瓶颈，或为实践应用解决关键问题，或打开了新的领域。突破性的创新难度大，对技术和经济的未来发展影响较大。

演进式创新（evolutionary innovation/incremented innovation）：这类创新就其技术本质和产生的效果来说不是根本性的，或被称为"增量式的创新"。这类创新并不会动摇原有的生产体系、竞争格局和市场秩序。人类在大多数（常态条件下）的创新是演进式的，这类创新是革命性的大创新的历练与条件。

颠覆性创新（disruptive innovation）：这类创新包括对技术范式和管理模式的颠覆，以及对产生的绩效和后果的颠覆。颠覆也包括创新对生产组织和流程的颠覆，对竞争格局和市场秩序的颠覆，甚至创造了全新市场和应用领域。例如，人造纤维的创新改变了对天然纤维的依赖，使纤维生产工业化。

（二）原发创新和模仿创新

原发创新：指第一个提出和实现的创新。无论是重大的创新、颠覆性创新还是细微的渐进创新，无论是原理、技术还是外观设计，都可能是原发创新。原发创新不限于单个产品、装备、工艺设计，也包括一整个系统，不限于技术创新，也包括新的商业模式、管理模式、硬件和软件。颠覆性创新一般总涉及关键性的原创技术。

模仿创新：现实中大部分创新是模仿创新。模仿创新是基于原创的原理、方法或技术及流程，在产品形式、实践路径和技术工艺应用等领域进行创新性的改进，是原发创新从点到面，从初级向高级，从浅至深，从粗放到更细致、更精致和更深入地扩散。因此，模仿创新在经济增长中有着不可忽视的作用。

毋庸置疑，原创对科技进步和经济发展贡献巨大，影响深远。其实质贡献不仅是原创本身，还有其开拓性、开创性，因为它不仅突破了障碍与瓶颈，还在被模仿、传播、扩散中产生了巨大的效益和增值。被模仿的创新可能力上模仿者的其他创新，这种现象非常普遍，也就是说，模仿与原创的界限未必那么清楚。

（三）自主创新、协同创新和集成创新

自主创新：指一个组织与个人独立地进行创新，包括独立地进行技术研究、市场开发或商业化。自主创新代表企业与个人能力、水平、优势、竞争力。自主创新可以强化企业在市场中的砍价能力，获得主要或独享创新利益。在遭遇竞争国与竞争者时，自主创新可以打破这种垄断，从而确立在经济中的主导地位、话语权或在社会中的尊严。

协同创新：即相关组织与个人共同实施并完成创新。包括：各功能部门间的创新协同；产业链中，从原材料、半成品至成品的创新协同；供应链中从设计、制造至营销的创新协同。

集成创新：即从系统和逻辑框架的角度，将各方面的改进综合在一起，集成各相关技术创新成果，以达到最终创新的目标。为何需要集成创新呢？首先，新产品提供了各种实用技术，这些技术交叉组合，可以产生新的功能。其次，以往传统的"一招鲜，吃遍天"的情况已经不复存在，现代社会，科技高速发展，任何一个简单的产品，都要在新技术上实现新的突破，通过集成式的系统创新，才能在市场站稳脚跟。

三、创新的模式

不仅技术本身在快速发生变化，而且技术变化的商业过程，即工业创新过程，也在变化之中，这又导致创新过程模式研究不断发展。20 世纪 60 年代以来，国际上先后出现了五代具有代表性的创新模式。❶

（一）技术推动的创新模式

早期对创新过程的解释模式基于这样一种观点，即研究开发是创新构思的主要来源。这种观点称作创新的技术推动或发现推动模式。认为一项新发现引发一系列事件，最终，发明得到应用。简言之，就是认为技术创新或多或少地是一种线性过程，这一过程起始于工业研究开发，经历工程和制造活动，最后是推向市场的产品或工艺。在这种观点下，市场只是被动接受研究开发成果。

技术推动的创新过程模式（图 2-1）代表了一种极端的情形，对于计算机这类根本性的创新，技术推动模式给予了较好的解释。然而，大多数创新并非如此。国际上对研究开发与创新关系的实证研究表明，研究开发投入越多，所产生的创新并不一定越多。如果只强调科技投入，而对创新过程的组织方式缺乏考虑，就很有可能造成大量科技成果未被转化，或者这些成果一开始就先天不足或者缺乏市场导向，或者距工程化要求太远没有商业价值，进而减弱科技投入的动力。

基础研究 → 应用研究与开发 → 生产 → 营销 → 市场需求

图 2-1　技术推动的创新过程模式

（二）需求拉动的创新模式（图 2-2）

在需求拉动的模型中，市场需求为产品创新创造了机会，刺激了研究开发为之寻找可行的方案。从理论上讲，这种方法能让创新适用于某一特定的市场需求。但是，它毕竟只考虑了一种因素，将企业所有资源全部投向单纯依靠市场需求的项目，未考虑潜在的技术机会是不明智的。测度消费者需求，对不常发生的根本性

---

❶　黄保强. 创新概论［M］. 上海：复旦大学出版社，2004：8-10.

创新几乎没什么用处。根本性创新要求消费者行为与态度有重大变化，而这些变化不会立即发生。因此，市场测试与其他市场研究试验无法对消费者欲望做出准确的把握。市场测试只能在消费者态度和行为没有机会变化之前进行。创新研究认为，市场需求尽管会引起大量创新涌现，但不见得像重大技术进步那样产生有较大的影响力的创新。渐进创新往往来自需求拉动，但根本性创新更有可能起源于技术推动。

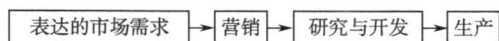

图 2-2 需求拉动的创新模式

（三）创新过程的交互作用模式

美国的研究表明，大多数的创新构思（60%~90%）来自市场需求和生产需求，而非仅来自市场机会的确认，换句话说，如果不能很好地在创新过程早期将营销与创新过程相联结，就难以预料消费者会不会引入市场的新产品做出正向反应，这常常会严重影响到新产品引入市场后的命运。因此，技术与市场因素应放在一起考虑。技术推动和需求拉动在产业和产品生命周期的不同阶段有不同的作用，营销和技术都是创新成功的重要因素。

创新过程的交互作用模式（图 2-3）强化了技术推动和需求拉动模式中营销与技术的联结，使市场需求与新技术（能力）相适应。大量研究表明，将驱动创新决策的推动和拉动因素结合，能产生更大的创新性，比单纯的需求拉动或技术推动，更有利于创新构思的产生和创新成功。

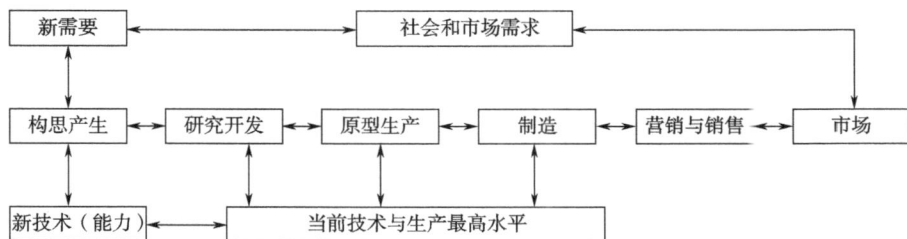

图 2-3 创新过程的交互作用模式

（四）一体化创新过程模式

20 世纪 80 年代后期，出现一体化创新过程模式，由过去将创新过程看作是序列式的、从一个职能到另一个职能的开发活动过程，转变为将创新看作是同时涉及研发（R&D）、原型开发、制造、营销等因素的并行过程。这一时期，创新活动极为强调 R&D 和制造的界面交融，以及企业与供应商和用户之间的密切合作，同时，横向合作（合资企业、战略联合）急剧增加，也使创新过程增加了新的内容。

一体化创新是指企业各职能在创新过程中一致行动，每个职能都参与创新的各个阶段。与高度分割的和序列式的创新过程相比，在一体化创新中，制造部门不只是在产品开发结束后才为商业化生产做准备，而是在产品开发的早期阶段就积极地提出并审查各种工艺概念或方案；营销部门也不坐等完整的产品设计原型完成后才与顾客沟通，而是把顾客的要求、看法和其他有关信息及时地带入新产品开发过程。各职能一体化参与创新的效果是加快推进了下游部门的工作及其对创新的介入。

当然，一体化创新过程要求各职能间有高度的一体化协作，所有参与开发的职能部门将共同测试和评价产品和工艺设计原型。实现一体化创新不仅需要设计一个适时联结各种职能活动的计划，同时还依赖于个人技能的发挥，特别是在处理个人和团体相互关系时，需要高层管理层的支持。

（五）系统集成和网络模式

当前出现的系统集成和网络模式表示一体化模型的理想化发展，其最为显著的特征是创新过程的电子化和信息化，更多地使用专家系统来辅助开发工作。仿真模型技术代替了实物原型，将供应商和用户之间的计算机辅助设计系统作为新产品合作开发过程的一部分，强调电子化产品设计与制造的密切联系。系统集成和网络模式不仅将创新看成交叉职能过程，还把它看作是多机构网络过程。

一体化创新过程模式，代表了从创新构思形成到创新实现的全方位汇合，而系统集成和网络模式则表示由概念生产导致创新实践结果的创新模式之未来发展趋势。当许多企业致力于掌握一体化创新过程模式时，领先的创新者已经将系统集成和网络模型引入创新实践中。

四、创新的过程

创新过程是指从创新构思产生到创新实现，直到创新投放市场的一系列活动及逻辑关系。具体来说，创新过程是新产品（改进产品）的营销或新工艺（改进工艺）的首次商业应用所涉及的技术（创造与获取）、工程、设计、制造、管理和商业活动。创新过程是复杂的商业过程和组织过程，国内学者把创新过程扩展为创新的微观过程、持续创新过程和技术追赶陷阱 3 个层次。❶

（一）创新的微观过程

创新的微观过程是指一个具体的创新从构思产生经过营销、R&D、工程、制造

❶ 黄保强. 创新概论 ［M］. 上海：复旦大学出版社，2004：7.

等活动到市场引入这一过程中的各个方面及推进方式。它研究企业的各种职能如何培养核心能力、创新能力，从而提高创新过程的效率和成功率，提高创新的质量和水平等。

（二） 持续创新过程

创新的微观持续过程是研究某个创新个体实现过程，但任何重大技术创新都会引起创新群和一系列边界的创新活动，从而导致新产业的成长和老产业的再生和衰亡。持续创新过程研究的是技术创新与产业成长的关系，主要描述两类产业在重大创新之后的创新分布类型、竞争格局变化、产业组织变化及其管理焦点的转变，讨论如何利用这些规律制定正确的投资战略，并取得竞争优势。

（三） 技术追赶陷阱

技术引进不仅中国有，而且日本、美国等发达国家也存在。但是，在技术变化不断加剧的今天，我国企业在许多技术领域出现技术"引进—落后—再引进"的现象。国际企业在创新竞争中也常出现类似现象，这在技术引进与发展中很普遍。从经济学的角度，把技术的"引进—追赶—落后—再引进"这类现象以及国际先进企业的创新追赶现象称为技术创新追赶陷阱。

五、创新的特点

黄保强在《创新概论》一书中详细阐述了创新的特点，在他看来，创新具有不确定性、耗时性等特点，除此之外，创新也会遇到一定阻力。❶

（一） 创新的不确定性

任何创新都具有不确定性，创新的程度越高，不确定性就越大。创新的不确定性主要有以下几种：

1. 市场不确定性

创新的市场不确定性主要是指不易把握需求的基本特征，以及如何将这些特征融入创新过程之中。这种不确定性有可能是当根本性创新出现时，找不到市场方向。另外也有可能是在确定了基本需求特征之后，不能肯定该需求将以何种方式变化，即是由市场细分问题造成的。市场不确定性的来源，还有可能是不知道如何将潜在的需求融入创新产品的设计中去，以及未来产品如何变化以反映顾客的需要。市场的不确定性还包括：当一种新产品推向市场时，是否能向顾客提供更大的满足、用户是否接受、如何让用户尽快地接受，以及如何使创新向其他领域扩散等。当存在创新竞争者时，市场的不确定性还包括创新企业能否在市场竞争中战胜对手，这主要是指那些重大创新。相比较而言，源于市场需要或生产需要的小的创

---

❶ 黄保强. 创新概论 ［M］. 上海：复旦大学出版社，2004：10-14.

新，其市场不确定性要小得多。

2. 技术不确定性

技术不确定性主要是指如何用技术语言来表达市场需求特征，能否设计并制造出可以满足市场需求或设计目标要求的产品与工艺，以及当原型测试后，规模放大时常出现的大量工程、工具设计和产品制造问题。从产品原型到工程化与规模生产，每一步都是一个相当大的跨越。新技术与现行技术系统之间的不一致性也是一个重要的不确定性来源。技术不确定性还包括设计是否优越、技术上能否超越已有产品或工艺、制造成本能否达到商业化要求，以及进一步改进的潜力如何等。有不少产品构思，按其设计的产品无法制造或制造成本太高，这种构思和产品也没有什么商业价值。

3. 战略不确定性

战略的不确定性主要是针对重大技术创新和重大投资项目而言。它是指一种技术创新出现使已有投资与技术过时的不确定性，即难以判断它对创新竞争基础和性质的影响程度，以及面临新技术潜在的重大变化时，企业如何进行组织适应与投资决策。创新战略的不确定性是对企业的巨大考验，如果只看到创新项目本身的不确定性（即市场不确定性和技术不确定性），没有从技术变化的环境和产业发展的战略高度来看待创新的特征和意义，往往会出现严重的战略性决策失误，特别是当重大技术创新出现时，常引起某些产业竞争领先地位的交替。

（二）创新的耗时性

部件、子系统、系统和各自然科学按着看似无法预测的方式沿时间轴异步地相互作用，每一个潜在的相互作用都需仔细、反复地通过实验核查。创新过程预定的时间表一般都无法得到准确执行。如果非要准确执行的话，就可能会影响所做实验是否进行得彻底或最终结果的质量。因此，创新存在不可预见性和耗时性。创新的速度最好是用一个人在单位时间里所能完成的且有效的实验数量来衡量。要缩短创新周期时间，就需要增加与客户和其他技术专家的沟通，尽可能在交流中探索多种实施方案。

大量的创新研究表明，创新进展极少是线性的。创新会出现急进、倒退和不可预见的延迟等现象，并伴有随机的交互作用，从而导致创新发展的不平衡。由此带来的不可预见费用总会出现，超时也相当普遍。不确定性大，对创新变革持敌意和反对的声浪也会很大。创新组织应以恰当方式打破常规，使创新人员能自由发挥，以利于创造性地解决问题。

许多研究发现，为了克服创新过程中的挫折、模糊性、时间拖延和固有阻力，需要有执着创新的人或创新斗士。他们必须全身心地投入创新，敢于标新立异，有着获取社会认可的强烈渴望，他们一般都会先发现机会，继而做出发明或发现创新。参与创新的其他人士一般必须具有很高的专业知识，而创新斗士则主要通过自己的非凡领导力或个人权威（而不是职务权力）进行领导。

（三）创新的阻力

不同创新的影响范围、程度和性质有所不同。两个极端的情况是：破坏性的和保护性的。具有保护性的创新，会提高企业现有能力、技术水平和适应性。这种创新会引起某些变化，但这些变化不是破坏性的。例如，产品技术创新通过解决设计中的难题或者消除设计上的缺陷，使现有的分销渠道更具有吸引力和更有效；工艺技术的创新虽然要求新的信息处理方式，但它能更有效地发挥现有的劳动力技能。这类创新保护了企业已有的能力，如果再加以提高和细化，就会强化这些技能，从而使其他的资源和技能难以取得竞争优势。这些创新对企业保护表现为提高市场进入壁垒，降低产品被替代的威胁，使其他竞争性技术和竞争企业的吸引力减弱。与此相反，破坏性创新不是提高和强化企业现有能力，而是破坏企业已有的技术和资产。新的产品或工艺技术使企业现有资源、技术和知识只能低层次地满足市场需求，或者根本无法满足其要求。从而降低了现有企业生存能力，甚至惨遭淘汰。如电子管技术的出现使真空管技术完全被替代。

有些源于科学发展中的创新，其设计概念与过去的产品或工艺有着根本性的区别，它们的引入使现在使用的技术知识淘汰，创造新的市场，用自己的新功能满足用户需求，并要求新的分销渠道和售后服务。它在创造新产业的同时，使生产老产品的企业的生产要素和技能淘汰。

虽然科学技术的发展常常能创造新产业、摧毁旧产业，但在有些情况下创新产品的技术先进性及其与科学发展的联系和创新竞争力的关系并不明显。有些企业依赖现有能力，仅通过使局部标准化、工具更为精确、操作更合理等，便取得了竞争优势。

采用任何新技术都存在潜在的风险，任何重要的创新都将对现有的权力结构带来冲击，所以，总会存在对变革的敌意和反对。只有在新技术带来的好处大大超过它预期风险时，人们才会采用它。技术扩散率随用户所看到的好处多少而变化。许多创新之所以失败，并不是它们缺乏对社会或用户的潜在价值，而是因为它们不符合客户决策者的动机。这些创新没有回答一个根本问题：它对我有什么好处？这被称为决策者的收益支出比。除非用户因采用新技术而得到的好处比他们预见到的个人风险或者他们所在的集体已经预计得到的利益大得多，否则，即使这项技术使整个企业受益，他们都会反对采纳。另外，对创新的反对并不是被动的。一个创新毁掉了按原来方式工作的人的计划、权力和财富，也会引来主动的反对。成功的创新环境必须具有能够主动打破维持现状的特点。

第四节 创新与创业的关系

一、创新者的思维特征

(一) 创新思维的含义

思维，就是人脑的机能，是从社会实践中产生的人类特有的一种精神活动，是在表象、概念的基础上进行分析、判断、推理等认识活动的过程。创新思维是具有创新精神的人在已有的经验、知识的基础上，捕捉到新颖、有价值的信息并把它输入大脑后，进行分析、整理，抓住事物的本质，通过研究、推理、判断后形成新颖、独创、科学的解决问题的办法、方案、计划或观点的思维过程。广义的创新思维包括在创新发明中直接或间接使用的一切思维形式，包括逻辑的、非逻辑的思维。狭义的创新思维专指在发明创新中提出创新思想的思维活动形式。❶ 简言之，创新思维就是人们产生创新观点的一系列思维活动形式。

(二) 创新者思维的特征

创新思维作为人类思维的一种，有人类思维的一般特性，也具有其自身的特性。关于创新思维的特征，刘才俊进行了详细的分析和论述。❷ 主要表现在以下方面：

（1）思维方式的求异性。思维方式的求异性是指对已有的权威性理论和普遍存在的现象始终持一种批判的、怀疑的态度，从不盲从和轻信，并用新的方式来对待和思考所遇到的一切问题。常常表现为在选择上标新立异，在方法上独辟蹊径，以及对异常东西的敏感性和思维的独立性。这种求异性特征并不是说毫无根据地追随标新立异，而是在充分分析事实情况的基础之上探索新的方向、途径和方法。

（2）思维状态的主动性。创造思维是主体一种能动的过程，需要创造主体调动全部的生理和心理的积极性，并将这一积极性发挥到最大状态，以此实现创新性成果。离开创造主体的主观能动性，就无法实现创造思维。

（3）思维结构的灵活性和多维性。创新思维的思维结构是灵活多变的，其思路需要及时来回地转换和变通。创新思维的灵活性主要表现在以下方面：①思维的立体性。有创新思维的人能够从多角度、多方位、多侧面去思考问题，寻求解决问题的答案；②思路的变通性。当原有思路行不通时，有创新思维的人能够随时放弃原有思路，寻求新的思路；③方法的多样性。有创新思维的人能够采用多种方法解决

❶ 李才俊. 大学生创新能力培养新探 [M]. 重庆：重庆出版社，2006：250-257.

❷ 同上：258-262.

问题，而且能够主动放弃无效的方法采用新的方法。创新思维的灵活性是创新者不可或缺的创新因素，这样才能够在不断变换的思维状态下反复探索，多次试验，增加成功的把握和可能性。创新思维的多维性是指朝着不同的方向进行，通过不断地"转移方向"探索未知的东西，实现新思维的产生。

（4）思维运行的综合性。创新思维的综合性是指在创新思维中，既要善于智慧杂融，大胆吸取前人的经验和智慧的精华，又要善于思维统摄，把大量的概念、事实和观察材料综合在一起，加以概括和整理，形成科学的概念和系统。同时，更要善于辩证分析，对现有的材料进行深入分析，把握个性特点，然后从这些特点中概括出事物的规律。还要善于进行形象组合，把不同的形象有效地综合在一起。思维的综合性是站在前人的肩膀上，把许多前人的理论观点吸收过来进行整理综合，使之成为思维的材料，加快自己思维进程，同时还对自己思维过程中的观点进行综合，加强其条理性。❶

（5）思维进程的突发性。创新思维的进程不是连续的，而是间断的。其思维进程往往在某个特定的时间中断，而在某一不确定的时刻它所需要的思维结果会突然出现，从而表现为一种突发性。这种突发性思维的出现并不是偶然，而是在长期积累的量变过程中实现质的飞跃。在创新思维中，这种突发性就常常表现为我们所说的灵感和顿悟。

（6）思维表达的新颖性。创新思维的本质特征就是创新思维的新颖性，它不同于一般思维活动的方面，就在于要打破常规的解决问题的方法，将已经有的知识或经验进行改组或重建，创新出个体前所未知和前所未有的思维成果。创新思维的创新性成果的表达方式往往也是十分新颖的，它通常以一些新的概念、新的范畴、新的符号、新的模型、新的图像、新的旋律以及新的人物等来准确、流畅和有效地表达思维的结果，并以最快的速度向社会展示，在激烈的竞争中获得承认。

（7）思维成果的效用性。创新思维的成果不仅具有很强的新颖性和独创性，而且具有很强的建设性和效用性。创新思维的成果既是突破传统理论的新的发现和发明，又是经过实践检验的解决问题的新方法和新思路。因此，创新者的思维是具有一定效用的思维，是一种解决实际问题的思维。

（三）大学生创新思维的训练和提升

创新思维通过解决实际问题的过程得以表现，是人类赖以生存和发展的重要手段之一；是确立、提升人的主体地位和强化人的主体力量的最有力的手段和途径；现代创新教育呼唤创新性思维。❷ 作为新时代的大学生，在"大众创业，万众创

❶ 路凯，刘仲春．现代创新教育［M］．北京：光明日报出版社，1988：88.
❷ 李才俊．大学生创新能力培养新探［M］．重庆：重庆出版社，2006：274-290.

新"的国家战略下，需要培养创新思维，如何培养和提升大学生的创新思维，首先需要了解当代大学生的思维特点。

（1）当代大学生的思维特点。当代大学生的创新思维有其自身的独特的特点，主要表现在以下方面：①思维方向的多向、求异性。从本质上讲，大学生创新思维是一种求异思维，表现在他们在人们司空见惯、习以为常的现象中去察觉问题和提出问题，对人们认为理所当然的现象和权威敢于质疑；②思维进程的突发、跨越性。在创新性活动中，大学生有时会突然表现出高强度的创新性，即其创新性思维往往在时间、空间上产生突破和顿悟；③思维效果的整体性、综合性；④思维结构的广阔性和灵活性。大学生能够迅速、轻易地将其思维重点从一类对象转移到另一类内容相隔很远、形式相差很大的对象上，及大学生具有思维上的变更性。其表现形式通常为思路开阔、妙思泉涌，不受思维定式和陈旧观念的束缚；⑤思维表达的新颖性和流畅性。大学生在思维过程中对创新性成果准确、有效、流畅地公开和揭示，并将其表达成新概念、新设计、新模型等，这是完成大学生创新性思维的最后一环也是至关重要的一环。

（2）大学生创新性思维的训练。强化大学生创新性思维的训练和提高，其目的在于促使大学生努力探索事物存在、运动、发展和联系的各种可能性，摆脱习惯性思维目标的单一性及传统思维模式的僵化性。加强大学生创新性思维能力训练，主要从以下方面进行：①探索性思维能力训练。积极、完备的探索性思维能力，是人们从事创新活动的精神动力，它可以促进人们去努力探索新事物，发现新问题；②运动性思维能力训练。这种能力就是要敢于打破思维僵化的禁锢，使思维朝着正向、逆向、纵向、横向以及全向自由运动。大学生在创新活动中，必须使自己的思维始终处于自由运动状态，保持高度的运动技能，使自己能够应付任何突如其来的变化；③选择性思维能力训练。大学生在无限的创新与发明的课题中，选择的能力显得格外重要，学习什么知识、摄取什么知识、运用什么知识需要大学生进行精心的选择；④综合性思维能力训练。为适应开展创新活动的需要，就必须训练并培养大学生提炼内涵、把握精髓、举一反三、高度概括的能力。科技进步日新月异，学科门类日趋丰富复杂，这就需要大学生加强综合性思维能力的训练，如果没有这一能力，大学生将很难在这一时代下实现创新发明。

二、创新驱动型的创业

Chirstian 和 Pierre 根据创业对创业者的改变程度以及创新的程度两个维度将创业分为 4 类，即复制型创业、模仿型创业、安定型创业和冒险型创业。复制型创业和模仿型创业创新成分很低，安定型创业强调创新精神的实现，冒险型创业是指一种难度很高、有较高的失败率、但成功所得的报酬也很惊人的创业类型，这种类型的创业如果想要获得成功，必须在创业者能力、创业时机、创业精神发挥、创业策略研究拟定、经营模式设计、创业过程管理等各方面，都有很好的考配。[1] 有学者将这种安定型创业和冒险型创业统称为创新驱动型创业。创新驱动型创业是指基于技术创新、产品创新、品牌创新等方面的某一点或几点创新而进行的创业活动。[2] 由此可见，创新驱动型创业是一种内在的革新性创业，是在创新的驱使下而萌生的创业想法，其出发点就是通过创新、依靠创新实现创业想法和目标。

（一）创新驱动型创业的特征

通过上文对创新驱动型创业内涵的理解，可以看出，创新驱动型创业相较于其他类型的创业，有其自身的特征。

1. 高革新性

创新驱动型创业相较于一般性创业，在创新成分上比较高，对于创新模式、技术更新方面要求更高。创新驱动型创业内在地包含且依靠创新，希望通过创新实现创业理想，创新也就意味着对传统模式的变革，对已经存在的商业模式进行新的思考和更改，甚至是在新的领域，新的方向上，以新的方式，实现创业的构想和目的。因此，相较于其他类型的创业，创新驱动型创业具有更高程度的革新性。

2. 高冒险性

创新驱动型创业倡导创新，创新也就意味着要承担更高的不确定性和风险，在这样的情况下，创业者需要开拓新的技术、领域和方式方法，也就避免不了这种新的创业形式具有可能失败，因此，创新驱动型创业相较于其他创业类型具有更高的冒险性。

3. 高报酬性

高风险也就意味着可能会有更高报酬，一般情况下，风险与报酬成正比。创新驱动型创业因其自身的创业类型特点，具有较高的风险性，因此，相应地也就具备高报酬性。

（二）大学生创新驱动型创业成功的因素

石俊芳（2017）通过对大学生创业成功且属于创新驱动型的30家企业进行分析和研究，发现大学生创新驱动型创业获取成功主要有以下6个方面的因素[3]：

1. 创业者的兴趣、性格和经验

首先，创业者的兴趣对创业成功率有很大的影响。据融360的叶大清说："兴

---

[1] Christian Bruyat, Pierre-Andre Julien. Defining the field of research in entrepreneurship [J]. Journal of Business Venturing, 2001. 16.

[2] 石俊芳. 大学生创新驱动型创业成功因素分析 [J]. 合作经济与科技，2017（04）：152-154.

[3] 同上.

趣是创业的最大动力"。在此次调查的 30 家创新驱动型创业成功企业中，其中 48% 的企业创业者很小就对创业相关内容感兴趣。例如，铁血网的创始人蒋磊，十几岁就酷爱军事，他创立的铁血网稳居中国十大独立军事类网站榜首，截至 2015 年底，市值超 7 亿元。再如，康盛创想创始人戴志康，小学毕业就学习编程，大二就开始创业，终于创造出"Dis-cuz!"。"Discuz!"是我国最成功的建站开源模板，于 2010 年被腾讯以 6,000 万美金的价格收购。

其次，创业者的性格也很重要。《福布斯》专栏作家大卫·迪绍夫写了一篇名为"The Five Hallmarks of Highly Respected Achieves"（创业有成者的五个特征）的文章，其中一条为"恰到好处的韧性（Tempered Tenacity）"，即意志坚定。而在调查中，意志坚定者创业成功率高达 61.8%。如先后创立过校内网、饭否网和美团网的王兴，在美国取得博士学位后归国创业，在一两次不算成功的创业项目之后，他创立了校内网，并很快风靡于大学校园，但于 2006 年 10 月被千橡以 200 万美元收购。2007 年 5 月他又创办饭否网，但就在发展势头一片良好时被关闭。后于 2010 年 3 月上线新项目美团网，截至 2014 年底综合估值达到 70 亿美元。在多次的创业过程中，王兴遇到过很多困难和障碍，但他坚韧不拔的性格使他创业成功。正如现在的风险投资机构，尤其是专门投资初创型企业的 VC，他们对所投项目的信心大部分来自创业者本身，这是由创业者的性格所决定的。

在所调研的 30 家企业中，创业者在创业前都有一些工作经验，这些经验要么是大学时期的实习，要么是大学时期就有创业经历。实习会给创业者带来丰富的经历，也许就是某次实习使创业者有了对某些方面的新想法、新观点，而大学时期的创业经历更是创业者宝贵的财富。

2. 创业团队组建

创业者凭着自己的兴趣去创业，那仅仅是为创业走出了第一步，要想企业走得更远，还需要组建一个好的团队。在分析和研究的 30 家大学生创新驱动型创业企业中，不管是一次性创业成功还是几次创业后成功，背后都有一支优秀的团队帮助企业发展壮大。携程的梁建章说："一个一流的技术与二流的团队的组合在效能上比不上二流技术与一流的团队组合。"创业团队的创建、创业团队的合作水平以及创业团队成员的素质是新企业资源获取、维持新企业运作的关键因素。据统计，当创业者独自创业时，成功率只有 20% 左右。通过对 30 家大学生创新驱动型创业企业的分析总结，创建一个优秀的团队主要做到以下几个方面：一是团队成员知己知彼。在创业团队中，团队成员都能认识到自身的优劣势，同时对其他成员的长处和短处也一清二楚，这样可以很好地避免团队成员之间因相互不了解而造成各种矛盾、纠纷，并迅速提高团队的向心力和凝聚力；二是团队成员优势互补。创业团队成员不能是清一色的技术人员，也不能全部是搞销售的，优秀的创业团队成员各有各的长处，这样才能相互补充，相得益彰。例如，有懂管理的、有懂技术的、有懂经营的等；三是创业团队都有一个核心创业者。柳传志曾经说过："领军人物好比是阿拉伯数字中的1，有了这个1，带上一个0，它就是10，两个0就是100，三个0是1，000。"这句话很好地概括了企业里领导者的重要性。

3. 创业项目选择

通过调研我们了解到，成功的创新驱动型创业，虽然创业项目所属行业不同，创业成功率存在差别，但并没有明显的规律可循。总体来看，技术类创业所占比例稍高。我们所调查的30家创业成功企业中有一半属于纯技术性行业，如《三国杀》桌游、超级课程表等，还有1/4属于服务类行业，如超级课堂，1/4属于制造业，如手工皮匠达人、1202社私人订制等。

在调研的30家成功的大学生创新驱动型创业企业中，在项目选择方面有以下主要共同点：一是项目所属行业最好是竞争还不是很充分的行业，这样会具备很大的成长空间；二是创业项目要有创新，不需要是全新的发明或创造，但一定在产品或经营或商业模式中有新的想法，或者能够发现传统模式中的缺点，进而发现完善和弥补缺点的方法。例如，黄一孟的电驴，当时是因为不满于网络上质量不高且需收费的电影资源，而把自己注册的众多个人网站中的一个verycd.com拿出来为公众免费提供自己的资源。再如，黄恺的《三国杀》桌游，本来是纸牌游戏，黄恺将它开发为符合我国国民娱乐习惯的桌游。

4. 创业机会把握

创业机会主要是指具有较强吸引力的、较为持久的有利于创业的商业机会，创业者据此可以为客户提供有价值的产品或服务，并同时使创业者自身获益。在对已经成功创业的30家大学生创新驱动型创业企业分析中发现，创业者在创业机会的选择上，有以下一些共同的特征：一是90%左右的大学生创业者对自己的创业项目有深入的理解，知道应该做什么；二是对创业的切入点，80%左右的大学生创业者是通过追求"负面"而找到创业机会的。例如，由于大学里没有咖啡厅，刘永杰就创立了"比逗"咖啡厅，很受学生欢迎；余佳文因为总是记不住课程表而编写了超级课程表软件，并且被大学生们广为使用；三是75%的创业团队成员对创业项目达成了共识，并且对创业初期可能会遇到的一些主要困难及风险等已有估计及应对方法。

5. 创业资金筹集

创业资金对于大学生创业者是非常重要的，没有资金来源，再好的创意再好的产品也难以走向市场。而且创业初期创业资金的筹措方式方法，在很大程度上可以影响创业进程的顺利程度和发展速度。通过对30家大学生创新驱动型创业企业的分析，总结几点成功经验：一是创业者自己一定要对创业项目注入资金或实体资本，这是对自己项目自信的表现。初创企业如果规模比较小，创业资金可以从亲戚朋友那里得到解决，或者通过小额贷款来解决，另外也可以利用自己的固定资产进行抵押来获得。对于创业项目比较大，需求资金较多的项目，则要向天使投资融资，如果不能得到天使投资的投资资金，投资基金也可以考虑。在调研分析中，创业伊始只有三成企业能够取得天使投资的资金，这也是对团队素质及项目质量前景的认同；二是八成创新驱动型创业成功者认为，当企业运行有一定起色时再找投资人融资。滴滴创始人程维说："投资人都是锦上添花，没有雪中送炭的"；三是初创企业融资规模不宜过大。七成所调查研究的创业企业根据自己实际需要融资，也有一部分企业获得了天使投资但没接受，因为融资过多会稀释较多的原始股份，这必然会影响企业的未来发展，应该尽量以很少的股份换取自己需要的资金。

6. 创业资源整合能力

创业者能否成功地推动创业活动向前发展，通常取决于他们掌握和能整合到的资源，以及对资源的利用能力。在 30 家大学生创新驱动型创业企业中，有 70% 创业者在创业过程中所体现出创造性地整合和运用资源，并带来持续竞争优势的战略资源。几乎所有的企业都十分重视社会资源网络的拓展及社会资源的优化组合利用。总结其经验为：一是利用好媒体资源。例如，滴滴刚起步时，他的对手摇摇的第一个策略是在广播电台做一个广告宣传自己的软件，但滴滴没有太多的资金，于是滴滴在摇摇广告后面紧接着做一个：现在拨打电话×××即可下载安装；二是尽可能多地向行业中的龙头骨干企业及行业中有影响力的专家请教，态度要十分积极且诚恳，这样既可以获得有效信息，又可以与他们交上朋友。成功的创业者，在这方面做得都很到位；三是成功的创业者在创业初期大多保持低调，这样容易取得他人的理解和支持，而不会过早被人作为竞争对手。

（三）提高大学生创新驱动型创业成功率的建议

根据以上分析结论，创业者自身、社会以及其他相关人群等都应该为发展好大学生创新驱动型创业取得成功而做出力所能及的事情。当前，为支持大学生创业，国家和各级政府出台许多优惠政策，涉及融资、开业、税收、创业培训、创业指导等诸多方面。石俊芳从学生角度出发提出以下建议❶：

1. 提高自身综合素质

综合素质包括思想道德素质、业务技术素质、文化审美素质和心理生理素质等几个方面，即我们通常所说的德、智、体、美等要素与品质。以上分析中提到，创业者的兴趣爱好、性格及工作经验是影响创业者是否创业成功的重要因素，而这些

---

❶ 石俊芳. 大学生创新驱动型创业成功因素分析 [J]. 合作经济与科技，2017（4）：152-154.

因素也恰恰属于综合素质内容。所以大学生应从以下几个方面提高自身的综合素质：首先，创业者应该追随自己的兴趣，我们对自己感兴趣的事情才会有激情或热情甚至是执着去做，而且也愿意去钻研，这样才会有新的想法或新的发现，这是创新的前提；其次，创业者在平时的学习和生活中要不断锻炼自己的意志力，同时增强自己的社会适应能力，培养自己的坚定意志；最后，要积极参与社会实践活动或者做一些兼职工作，尽可能地获取有价值的工作经验，并在这些实践和工作中有意识地积累创业所需要的知识。

2. 提高自身创新意识

创新是利用已存在的自然资源或社会要素创造新的矛盾共同体的人类行为，或者可以认为是对旧有的一切所进行的替代、覆盖。新颖性是创新的必备要素，但并不意味着每次创新都是一种开天辟地式的革命。那么，大学生要提高自己的创新意识，首先要学好专业基础知识，这是提高创新意识和创新能力的根本。创新成果大都来源于基础知识的深层次组合，优秀的创新成果都是蕴含科技含量的，没有坚实的知识积累和深厚的知识底蕴，不可能孕育出优良的发明；其次，遇到问题要能够从不同角度进行思考。"向和尚推销梳子"的故事大家并不陌生，如果我们认为和尚不需要梳子那肯定是销售不出去的，而如果我们青睐庙宇向香客推销梳子还是能够获得很大市场的。当我们站在不同的角度思考问题时，我们就会得到新发现。

【拓展阅读】

（1）黄保强 .《创新概论》，复旦大学出版社，2004.

（2）路凯，刘仲春 .《现代创新教育》，光明日报出版社，1988.

（3）李才俊 .《大学生创新能力培养新探》，重庆出版社，2005.

【本章小结】

本章内容通过对创新与财富关系的探讨，引申出创新驱动经济增长，从而说明创新在创造社会财富和价值的重要性。紧接着讨论了创新者应该具备的素质和能力结构、思维特征，创新的基本内容以及创新与创业的关系，通过对创新的理解和创新者素质情况的掌握，正确分析和理解创新与创业的关系，从而为大学生在西南地区进行创新创业提供理论参考和合理建议。

【思考与实践】

（1）创新如何驱动经济增长？

（2）制度创新与经济增长、企业创新与转型升级之间的关系。

（3）创新者素质、能力、能力结构、能力特征有哪些？

（4）创新的概念、类型、模式、过程和方法的内容有哪些？

（5）创新者的思维特征有哪些？

（6）创新驱动型的创业有何特点？

第三章 西南地区创业机会与风险

【教学目标】

创业机会多种多样，西南地区的创业机会也有其自身的特点，通过对创业机会的学习，明晰创业机会的种类，在此基础之上理解和掌握西南地区创业机会的识别技巧，以及西南地区创业风险的识别和防控技巧，以此为西南创业识别机会和防控风险提供理论参考。

【教学要点】

1. 创业机会
2. 西南地区创业机会的识别与把握
3. 西南地区创业风险的识别与防控

【案例导入】

不负韶华——执着女孩的电商之路

创业项目：重庆茵特莱贸易有限公司（从事灵芝、香菇、木耳和银耳等农副产品跨境贸易）

创业故事：临近毕业，马笑春发现语言类专业就业形势不容乐观，自己到底要做什么？这个问题变得越来越紧迫起来。经过激烈的思想斗争，马笑春决定自己创业，用一句时髦的话说，就是就业不如创业。

昔时有朋友做传统贸易，做传统农产品销售的，主要有蘑菇、香菇等菌类，马笑春也加入其中，但是做传统外贸每年要参加展会，成本很高，马笑春想着能不能做电子商务，做农产品的跨境电商？

萌生的这个想法后，马笑春开始搜集各方面信息，但做跨境贸易首先得选择一个平台，要入驻平台就要注册公司，做食品类贸易，还有检验检疫相关手续，知道报关流程，还得有报关员资质……每一个准入门槛对马笑春而言都是一个难关，但执着的马笑春还是执拗地踏上了电商创业之路。

选择哪个交易平台，马笑春犯难了，当时可以选择的电商平台不少，但综合来看，阿里巴巴国际站更符合国内中小型企业，所以她选择了阿里巴巴。结合市场调研，考虑各国市场对菌类食品的接受程度，马笑春把目光投向了日韩市场，菌类等农副产品在日本、韩国特别受欢迎。马笑春是电商业务的新手，对如何开展业务几乎一窍不通，为了尽快熟悉业务，她一边申请注册国际平台，申领相关资质，一边在一家杭州贸易公司"卧底"（员工）两个月，熟悉相关流程，那两个月，马笑春是实习生，没有工资，每天要学习最基本的平台操作方法和流程，没有人教她，全靠自己问、自己学，很枯燥很乏味，身在异乡的马孝春有几次都想放弃，但最后还是咬牙坚持下来。

经过两个月的实习操练，马笑春摸清了跨境电商的整个业务流程，随后相关资质也拿到了，马笑春从此踏上了跨境电商之路。

马笑春创业过程中，结识了志同道合的好姐妹兼联合创始人，毕业于重庆大学的刘盈含，两人都对跨境贸易的知识体系不太了解，于是决定加强理论学习，自学国际贸易相关知识，虽然骨头难啃，但是她们对未来充满信心，经过系统学习，她们对外贸、内贸两方面有了更清晰的认识，坚定了信心，在开拓市场过程中，她们发现日韩市场虽然对菌类的农副产品接受度高，但市场相对狭小，她们决定把产品推销到更多的国家与地区。一次，在与一位加拿大客户聊天时，她们发现把菌类的农副产品销往欧美市场并非没有可能，但前提是得有大数据对各地区的需求进行整合，于是，马笑春、刘盈含和团队一起通过网络平台等渠道调查分析不同品牌在不同地区的影响力，重新调整思路和运营平台，壮大团队，整装出发。

2017年5月，马笑春和刘盈含招募了五位初出校园的大学毕业生，组成了一个年轻团队"茵特莱"。

重庆茵特莱贸易有限公司依然从事灵芝、香菇、木耳和银耳等农副产品的出口业务，马笑春凭借丰富的外贸谈判经验和扎实的语言功底，带领年轻团队一起，一举成为重庆外贸行业的新标杆，她们就就业业，一路攻关克难。公司营业额在短短三个月内升至重庆外贸前十，成为行业内最有潜力的企业，像论语讲得一样："富而可求也，虽执鞭之士，吾亦为之，如不可求，则从吾所好"。创业的路虽然是艰辛的，但只要抱有希望和梦想，一定会获得快乐和成就感，对于公司五位新队员而言，从小白到操盘能手，其中的付出和艰辛难以想象，其中一位成员说，压力最大的还属第一次调整P4P外贸直通车，当时还只是兼职人员，忙于工作又兼顾学业，刚接触外贸直通车的那一年，每天必须花很长的时间琢磨数据研究平台规则，经常忙到凌晨，碰巧又是第一次接到询盘客户，这位客户来自沙特阿拉伯都利雅得，与重庆时差五个小时。这位客户习惯于早晨七八点查看邮件，也就是北京时间凌晨两三点，为了能及时与他交流，每晚整理完直通车数据之后，还要熬夜等待客户回复邮件，解答他的疑问，凌晨六点又早早起床，争取机会与客户沟通。创业虽然艰难，但好在还有陪伴于身旁的茵特莱大家庭，她们从陌生到相识，从相识到相伴，五个月时间，让他真真切切地感受年轻一代的创业激情。

另一位团队新成员是一名"95后"女孩，原本就想着毕业后找一份稳定的工作，有一份稳定的收入，为家庭减轻一些负担。可计划总赶不上变化，一个偶然时机，她遇到了茵特莱，一群富有青春活力朝气蓬勃的年轻人，她抛弃了安于现状的想法，放手一搏，毅然加入了茵特莱团队，开始压力很大，虽然大学学的是国际经济与贸易专业，但对于阿里巴巴国际站，她什么都不懂，为了跟上大家的步伐，她每天用大量时间学习阿里巴巴国际站后台相关资料，目的就是能更快地融入，发挥自己的特长，和团队一起成长。2017年，我国向世界各国发起"一带一路"倡议，更加增强了她的信心，她相信茵特莱的未来会更加美好。

2017年6月27日这天，当马笑春找到她，问她愿不愿意做外贸运营，阿里巴巴国际站？她心里更多的是感激，她感激这份知遇之恩，感谢那份肯定，同时她也要感谢自己的坚持，感谢自己做事的态度。这是一个95后少女又一次真正的成长。

其中几位新成员认为，大学时，她们努力学习国际经济与贸易专业知识，参与学校主办的各种社会实践活动，既增长的理论知识，又为创业打好了基础，信息化时代竞争越来越激烈，很多人选择自己创业，她们也同样萌生了创业的想法，可是不知道该做些什么？正当内心无比纠结时，突然想到重庆的未来发展趋势，作为中西部地区的重心、渝新欧的起点，新外贸跨境电商的发展必然成为重庆发展的重点，跨境电商如一股热潮向重庆涌来，如果利用这一发展趋势，自主创业无疑是为一种驱动力，她们意识到，随着大数据时代的到来，跨境电商作为一种新型外贸方式，完全可为她们所用，利用大数据整合资源，利用重庆未来的发展趋势，为自己的理想添砖加瓦。

2018年，不仅是贯彻党的十九大精神的开局之年，也是实施"一三五"规划承上启下的关键一年，同时是改革开放40周年，对于重庆而言，遵循党中央"两点，两地"定位和"四个扎实"要求，充分发挥西部大开发重要战略支点，一带一路和长江经济带连接点的特殊区位优势，前景广大，意义深远，同时，阿里巴巴的区域中心落户两江新区，作为店跨境电商新外贸的一份子，茵特莱当然要利用好这一优势。2018 年，作为英特莱公司的发展元年，加强互联网平台人才培训，新外贸合作等，顺应重庆的发展定位，是她们的重中之重，对于马笑春带领的团队茵特莱而言，未来也许艰辛不断，坎坷也会接踵而至，但她们相信，即使在雨夜，队员也会擦干脸上的泪水，拍拍胸脯，淡定地对自己说，我从不畏惧，只要坚持，雨夜终会过去，黎明就在眼前。

案例来源：摘自《跨境电商与多语言服务创新型人才培养：四川外国语大学学生创业案例集》

【案例思考】

该案例中大学生创业者马笑春为何能够创业成功，她是把握住了哪些创业机会并规避相应风险从而实现创业梦想的呢？

【案例点评】

本案例是一个典型的大学生依靠西南地区现有资源和政策机会进行自主创业的案例，大学生马笑春从传统农副产品的角度出发，从事灵芝、香菇、木耳和银耳等农副产品跨境贸易。创业者跳出传统的农副产品的直接销售，借助当下较为流行的电商平台，发展起了跨境电商销售。同时，创业者还瞄准国家政策机遇，借助一带一路和长江经济带的国家战略举措，以及电商平台的重庆落户，重新定位和确立新的战略目标。在这过程中，值得我们思考的内容是创业者对时代、政策、市场、社会与人口等方面机遇的把握和对未来企业发展新的战略规划。本案例大学生创业者冲破传统商业模式束缚，充分利用当下电商平台发展机遇，顺应国家战略和政策优势，将传统的菌类农副产品推向世界。创业过程中冲破一道道阻碍，攻克一个个难关，把握机遇的同时也从战略高度挖掘新的市场需求，在一定程度上降低了企业未来风险。

第一节 创业机会

一、创业机会的含义

"创业研究之父"迪蒙斯教授认为，创业机会是指尚不明确的市场需求或者未被利用的资源和能力。巴朗和施恩认为，创业机会是一个人能够开发具有利润潜力的新商业创意的情景，在该情境中，政治、经济、技术、社会和人口等条件的变化产生了创造新事物的潜力。

创业机会，也就是外部环境为创业者带来的创业成功最大可能性，包括政治、经济、文化、社会等方面为创业者提供的创业环境中最具可能性的那一部分外部条件。俗话说："机会总是留给有准备的人,"善于洞察社会变迁,积蓄力量,抓住机会,把握机会,运用机会,在此基础上实现商业价值的成功创造才是一名创业者应该具备的能力和素养。

二、创业机会的类型

吴晓义将创业机会分为技术机会、政策机会、社会和人口机会、市场机会4种[1]:

(一) 技术机会

技术机会就是指技术变化带来的机会,主要源于新的科技突破和社会进步。一般情况下,技术上的变化以及多种技术的重组,都可能给创业者带来某种创业机会。主要体现在以下3个方面:

(1) 新技术替代旧技术。当某一领域出现了新的技术突破,并且足以替代旧技术时,创业的机会就出现了。

(2) 新技术实现新功能。新技术的出现,提供新的功能和作用,为创业者带来新的商机。

(3) 新技术带来新问题。大多数新技术的出现,既会给人类社会发展带来机会,也同时会给社会发展带来问题和阻碍。这就会迫使人们发展技术,采取措施减轻或者消除问题和阻碍,在此基础上开发出新的技术并使其商业化,从而带来新的创业机会。

(二) 政策机会

政策机会,即政府根据社会问题和社会需求制定相关政策,从而为创业者带来的商机。政策会随着社会的发展而不断进行调整,而往往政策的变化会给创业者带来商机。从政策中寻求商机不仅仅局限于政策文本,通过政策规定的产业基本面寻找产业链各个端口的商机,在商机催生的产品或服务的上下游延伸中寻找商机。例如,随着国家供给侧结构性改革的相关政策不断落实,产品供应链的生产端变革加速进行,这就为商家的产品升级带来了机遇,也为生产商的设备升级和更新换代带来机遇。再如,国家大力推行大众创业,万众创新的政策方略,也为当今的创业市场带来生机,为创业者创造了条件。

(三) 社会和人口机会

社会和人口需求的变化,会增添无穷商机。随着社会的发展,一些突然袭来的社会巨变和人口需求的不断变化,会成为创业机会的新引擎。例如,随着国家乃至

---

[1] 吴晓义. 创业基础:理论、案例与实训 [M]. 北京:中国人民大学出版社,2013.

世界老龄化速度的加快，老龄化趋势愈加明显，一些关于老年人的养老产品、居住场所的开发，成为强大的商机。

（四）市场机会

市场机会就是市场中还没有被满足的需求。对于创业者来说，适合创业的市场机会往往有以下4种：

（1）市场出现新需求。如果市场出现了与经济发展阶段相匹配的新的需求，那相应地就需要有企业去满足这些需求。在这种情况下，新创建的企业与原有企业是处于同一起跑线的，为创业者带来了机遇。

（2）市场供给出现结构性缺陷。市场的供给与需求之间不可能达到平衡，这种由供给和需求之间出现的缺口正好给创业者带来了机会。目前国家实行的供给侧结构性改革，为供给端的创业者既带来机遇，也相应带来了挑战。

（3）产业出现战略转移。世界各国的发展程度快慢不一，会存在发达国家与欠发达国家，二者会存在较大的劳动力"成本差异"。一般情况下，发达国家会将劳动密集型产业转向欠发达国家，以减低劳动成本，这无疑也给转入国带来工作机会。

（4）两地比较中存在差距。通过对两个国家或地区进行比较，可以发现有些产品或服务在一个国家和地区当中已经存在，而在另一个国家和地区还没有，这就给还没有这种产品或服务的国家带来商机。

第二节　西南地区创业机会的识别与把握

一、创业机会识别概述

作为创业者，难能可贵的地方就在于去发现别人看不到的机会，并抓住时机迅速采取行动，创造价值。并不是每一个人都可以敏锐识别创业机会，但可以通过掌握创业机会识别的知识，为行动提供指导。

（一）创业机会识别的一般过程

创业机会识别是创业者与外部环境互动的过程（图3-1），在这个过程中，创业者利用各种方式或渠道掌握环境变化的相关信息，从而发现现实中产品、服务、原材料和组织方式等方面存在的差距或缺陷，找出改进或创造目的——手段关系的可能性，最终识别出可能带来新产品、新服务、新材料和新组织方式的创业机会。❶

创业者识别创业机会通常分为几个阶段，即产生组建企业的思想、识别出了潜

---

❶　张玉利，等. 创业管理 [M]. 北京：机械工业出版社，2010.

在的机会、制定组建企业的决策等。其中产生创业想法需要基于一定的创业知识储备，对新领域产生兴趣，并积累了该领域的技术和知识，在此基础上形成了创业想法，并对其进行思考，但此思考无方向性，只有在感知到创业机会后，此思考才能真正地成为创业机会识别的思考。在感知到创业机会的瞬间，创业者能够顿悟般地感知到创业机会，而后再根据自身的知识储备及能力审视创业机会，回顾创业方案，并最终创立自己的企业。由此可见，在创业机会识别中，知识、业务信息和创业经验等信息，以及逻辑推理方式和创业警觉性、社会网络等因素都会影响创业者的创业机会识别。❶

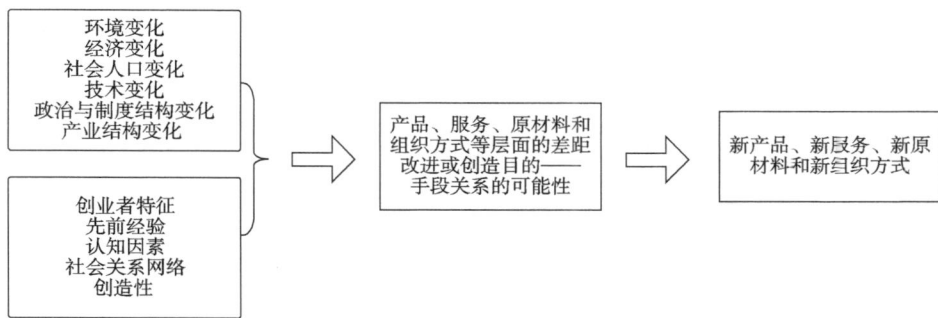

图 3-1 创业机会的识别过程

资料来源：张玉利，等.创业管理［M］.北京：机械工业出版社，2010.

（二）影响创业机会识别的主要因素

1. 先进经验

特定行业中，如果创业者有先前的经验，那会更容易识别创业机会。此外，对于所有的创业者来说，有一定的创业经验者比没有创业经验更容易发现新的创业机会，这被称为"走廊原理"。也就是说，一旦创业者在某一领域开始创业，那他便进入了这一特定领域的"走廊"，随着创业经历和经验的不断丰富，"走廊"的轮廓会愈加清晰明朗。而这一类创业者，相较于一直在领域外徘徊的人员来说，会更容易把握行业内的新机会。

2. 知识因素

大多数创业者都认为自己比别人警觉，能更快捕捉市场商机。这种机会识别能力是一种先天技能或一种认知过程，但也是一种习得性的技能。往往一个人在某个领域拥有更多知识，那他比其他人对该领域的警觉性更明显。例如，一个拥有雄厚

---

❶ 申静，陈丽娜.信息时代创业机会识别与特色文化企业创建研究——评《大学生就业创业教育研究》［J］.新闻爱好者，2021（2）：111-112.

互联网知识的人比一个农民更能捕捉互联网市场商机。

3. 社会关系网络

个人社会关系网络的深度和宽度影响着创业机会的识别。中国历来都有家族血缘网络,这是中国人骨子里的性格和习惯,一个良好的家族网络无疑会给创业者带来别人没有的商机。还有就是与之相关的亲戚、朋友及配偶等关系网络,这类联系紧密的关系网络我们称之为强关系网。与之相对应的还有一类弱关系网,这类关系网形成于同事、同学和一般朋友之间。调查显示,一般情况下,弱关系网反而能为创业者提供更多的创业机会。

4. 创新能力

一个人的创新能力一定程度决定了一个人能产生新奇创意的结果。通过对外部世界的观察和思考,会萌生出创意想法,创新能力强的人,更容易产生这类想法,也更容易启发创新。

(三) 识别创业机会的行为技巧

单林波在《大学生创新创业思维与方法研究》一书中阐述了以下创业机会的识别技巧❶:

1. 新眼光调查

"新眼光"调查注重二级调查,当阅读某人的发现及其出版的作品时,利用互联网搜索,寻找包含我们所需要信息的报纸文章等都是二级调查的形式。良好的二级调查可以为初级调查打好基础,二级调查可以让创业者明白应该注意哪些问题以及如何才能更快找到问题解决核心。通过不断搜集和获取信息,"新眼光"也会不断得到巩固,这又将为下一阶段的创业问题分析提供坚实基础。

2. 通过系统分析发现机会

系统分析思维在任何问题上都有其优势,大多数机遇的发现和获得都可以通过系统地分析得到。创业者可以从公司的宏观环境(政治、法律、技术、人口等)和微观环境(顾客、竞争对手、供应商等)的变化中发现机会。借助市场调研,从环境变化中发现机会,是机会发现的一般规律。

3. 通过问题分析和顾客建议发现机会

问题分析从一开始就要找出个人或组织的需求及其面临的问题,这些需求和问题可能很含蓄,也可能很明确。创业者可能识别出来,也可能忽略掉。一个有效并且有回报的解决问题的方法是识别机会的基础,而要分析此类问题,就必须全面了解顾客的需求,以及可能用来满足这些需求的手段。一个新的创业机会可能会被顾客识别出来,因为他们知道自己到底需要什么。通过对顾客心声的了解,可以为发

---

❶ 单林波. 大学生创新创业思维与方法研究 [M]. 北京:中国商务出版社,2020:93-95.

现创业机会带来很多捷径。一般情况下，顾客会发表类似于"如果那样的话就会更好、更便捷"等话语，这其实就是创业者应该关注的创业机会。

4. 通过创造获得机会

这种方法在新技术行业最为常见，它可能始于明确拟满足的市场需求，从而积极探索相应的新技术和新知识，也可能始于一项新技术发明，进而积极探索新技术的商业价值。通过创造获得机会比其他任何方式的难度都大，风险也更高。同时，如果成功，其回报也更大。

二、西南地区创业机会的识别

随着西部大开发战略的实施和国家对西部地区的逐渐重视，近年来，西南地区的创业机会也随之增多。目前，以旅游、土特产品和川渝地区的高科技产业发展最为明显。西南地区创业机会的识别大致可以从以下 4 个方面展开。

（一）技术机会

以农业发展为主的西南地区，农产品产量较为惊人，由此而带来的农产品加工技术、储存、冷藏运输技术等需求成为西南地区产业发展的强大技术需求。目前，随着物流行业的不断发展，西南地区的众多农产品被销往全国乃至世界世界各地，随着大城市对农产品新鲜度的追求，目前对保鲜、存储技术要求较高，需求量也较大，为此，如果能在农产品加工、保鲜、储存、运输等方面有技术性突破，将会给西南地区创业带来更多活力。

（二）政策机会

随着国家西部大开发战略和脱贫攻坚以及现在的乡村振兴战略的实施，西南地区的创业机会随之增多，乡村振兴战略背景下，乡村产业会以一二三产业融合发展为有效路径，加快农业产业化、农产品商品化发展，既要挖掘乡村基础产业的多元功能，又要开发乡村多重价值，以产生大量的新业态和新产业。乡村振兴背景下，大学生农村创业机会较多：乡村旅游、乡村直播、农产品深加工、农村电商及多元化新型农业。❶ 除此之外，国家目前也非常注重区域经济的打造，目前正在进行得如火如荼的"成渝双城经济圈"，在成渝地区开辟了较多新的科技产业领域，为川渝地区技术型、科技型创业带来前所未有的契机。

（三）社会和人口机会

西南地区是少数民族聚居区，很多地方还保存着原汁原味的民风民俗，这些民俗一方面受到国家的大力支持和保护，另一方面也为大多数人所喜爱和接纳。在乡村旅游得到充分发展的今天，西南地区的旅游业也是如火如荼，一些传统民俗逐渐

---

❶ 梁博. 乡村振兴战略背景下大学生农村创业机会与实践对策［J］. 乡村科技，2021，12（2）：22-23.

融入乡村旅游当中。盛行于西南地区的火把节，成为拉近旅客与当地村民关系，愉悦身心的重要方式。同时，西南地区还潜藏着大量的民间老手艺人，岁月的积淀，造就这些老手艺人高超精湛的手工技艺，这也是打造乡村旅游品牌的重要方面。

（四）市场机会

随着人们生活水平的提高，以及物流业的发展，西南地区的农副产品目前具有强大的市场前景。大多数农副产品销往全国各地和海外，以云南的鲜花产业为例，随着物流行业的发展，目前开拓出了本地配送和外地闪送的服务，当天采摘的鲜花，第二天就可以到达全国各地的家庭和办公桌上。还有大量的土特产品，越来越受到消费者的青睐，消费者也更加追求原生态、高质量的食品，这给以生产农产品为主的西南地区带来无限商机。

第三节　创业风险的识别与防控

一、创业风险概述

（一）创业风险的概念

单林波认为，创业风险是指公司在创业过程中存在的各种风险。由于创业环境的不确定性，创业机会与创业公司的复杂性，创业者、创业团队与创业投资者的能力和实力的有限性而导致创业活动结果的不确定性，就是创业风险。[1] 黄玉珊等人认为，创业风险，一是指风险因素，即创业过程中有可能遇到某些风险因素的干扰，二是一旦某些风险因素真正发生，创业者会阶段性地遇到很难克服的困难，导致创业活动很难推进，甚至导致创业失败。[2]

从上述定义中可以看出，创业风险是一系列影响创业的因素和障碍，创业风险来自很多方面，有创业环境的不确定性、创业机会和创业公司方面的复杂性、创业者的实力和能力等方面所决定，只要其中一个方面存在问题或不足，都会影响创业是否成功。

（二）创业风险的特征

创业风险种类众多，贯穿于创业整个过程当中，但是这些风险都有一些共同特征，例如，客观性、不确定性、双重性、可变性、可识别性、相关性等。

（1）客观性。创业本身就是一个识别风险和应对风险的过程，风险的出现是不以人的意志为转移的，所以创业风险的存在是客观的。

---

❶ 单林波. 大学生创新创业思维与方法研究 [M]. 北京：中国商务出版社，2020：152-174.
❷ 黄玉珊，周松，欧阳亮. 大学生创新创基础与竞赛进阶教程 [M]. 北京：科学出版社，2019：108.

（2）不确定性。由于创业所依赖和影响的因素具有不确定性，这些因素是不断变化、不断发展的，甚至是难以预料的，因此造成了创业风险的不确定性。

（3）双重性。创业有成功和失败两种可能性，创业风险有盈利和亏损的双重性。

（4）可变性。随着影响创业因素的变化，创业风险的大小、性质和程度也会发生变化。

（5）可识别性。根据创业风险的特征和性质，创业风险是可以被识别和划分的。

（6）相关性。创业风险与创业者的行为紧密相连。同一风险，采取不同的对策，将会出现不同的结果。

（三）创业风险的分类（表3-1）

表3-1　创业风险的分类

序号	划分标准	类型
1	创业风险产生的原因	（1）主观创业风险：指在创业阶段，由于创业者的身体和心理素质等主观方面的因素导致创业失败的可能性 （2）客观创业风险：指在创业阶段，由于客观因素导致创业失败的可能性，如市场变动、政策变化、竞争对手的出现、创业资金缺乏等
2	创业风险产生的内容	（1）技术风险：指由于技术方面的因素及其变化的不确定性而导致创业失败的可能性 （2）市场风险：指由于市场情况的不确定性导致创业者或创业公司损失的可能性 （3）政治风险：指由于战争、国际关系变化或有关国家政权更迭、政策改变而导致创业者或公司蒙受损失的可能性 （4）管理风险：指因创业公司管理不善产生的风险 （5）生产风险：指创业公司提供的产品或服务从小批试制到大批生产的风险 （6）经济风险：指由于宏观经济环境发生大幅度波动或调整而使创业者或创业投资者蒙受损失的风险
3	创业风险对资金的影响程度	（1）安全性风险：指从创业投资的安全性角度来看，不仅预期实际收益有损失的可能，而且专业投资者与创业者自身投入的其他财产也可能蒙受损失，即投资方财产安全存在风险 （2）收益性风险：指创业投资的投资方的资本和其他财产不会蒙受损失，但预期实际收益有损失的可能性 （3）流动性风险：指投资方的资本、其他财产以及预期实际收益不会受到损失，但资金有可能不能按期转移或支付，造成资金运营的停滞，使投资方蒙受损失的可能性

续表

序号	划分标准	类型
4	创业过程	（1）机会的识别与评估风险：指在机会的识别与评估过程中，由于各种主客观因素，把握不准确或推理偏差等使创业一开始就面临方向性错误的风险 （2）准备与撰写创业计划风险：指创业机会的准备与撰写过程中带来的风险 （3）确定并获取资源风险：指由于存在资源缺口，无法获得所需的关键资源，或者即使可以获得，但获得的成本较高，从而给创业活动带来一定风险 （4）新创公司管理风险：主要包括管理方式，公司文化的选取与创建，发展战略的制定、组织、技术、营销等各方面的管理中存在的风险
5	创业与市场和技术的关系	（1）改良型风险：指利用现有市场、现有的技术进行创业所存在的风险。这种创业风险最低，经济回报有限 （2）杠杆性风险：指利用新的市场、现有的技术进行创业存在的风险。该风险稍高，对一个全球性公司来说，这种风险往往是地理上的，常见于挖掘未开辟的市场 （3）跨越型风险：指利用现有市场、新的技术进行创业存在的风险。该风险稍高，主要体现在创新技术的应用方面，往往反映了技术的替代，是一种较常见的情况，常见于公司的二次创业，领先者可获得一定的竞争优势，但模仿者很快就会跟上 （4）激进型风险：指利用新的市场、新的技术进行创业存在的风险。该风险最大，如果市场很大，可能会带来巨大的机会，对于第一个行动者而言，其优势在于竞争风险较低，但是知识产权保护力度很弱，市场需求不确定，确定产品性能有很大风险

资料来源：单林波. 大学生创新创业思维与方法研究［M］. 北京：中国商务出版社，2020：153-156.

二、创业风险的识别

风险识别是应对风险的基础，只有有效识别风险才有可能化解风险，找到机会，同时，往往机会也是孕育在风险当中的，应该更多地探索风险背后蕴藏的机会。

（一）风险识别的基本理念

作为创业者，应该树立正确的识别公司风险的基本理念，建立有备无患的意识、识别风险的能力、未雨绸缪的观念、持之以恒的思想、实事求是的精神。

有备无患的意识：创业风险的出现是正常的，我们必须接受，但是创业风险是可以规避的，关键是要密切监视风险，减少损失，化解不利，转危为安。

识别风险的能力：识别风险的目的是防范和控制，如果创业者在公司未发生损失之前就能够识别风险发生的可能性，那么这个风险是可能被管理的，因此，风险识别是进行风险管理的基点。

未雨绸缪的观念：创业风险需要创业者通过创业活动的迹象、信息归类，认知风险产生的原因和条件，不仅要识别风险所面临的性质及可能的后果，更重要的是识别创业过程中各种潜在的风险，为采取有效措施提供依据。

持之以恒的思想：由于创业风险伴随创业的全过程，同时创业风险具有可变性和相关性等特点，所以创业风险的识别是一个长久的过程，是一个系统性和连续性的过程。

实事求是的精神：虽然风险识别是一个主观的过程，但是风险识别必须遵循客观规律。风险识别有其内在的逻辑性和规律性，为此要顺应这些逻辑和规律，在遵循客观规律、实事求是中实现风险识别。

（二）风险识别的基本途径

创业风险的识别，重点从风险的来源入手，即自然因素和人为因素两大方面。

自然因素。如地震、台风等自然灾害多发区，炎热地区，极寒地区等，都与创业公司的选址和项目有着密切的关系。对于许多行业来说，必须关注影响原材料供应的矿产、能源、农产品以及交通问题。

人为因素。一个国家和地区的政治经济制度、法律政策、民风民俗以及公司周边的营商环境等，都是识别风险的基本途径。

（三）识别风险的方法和步骤

1. 基本方法

识别风险的一般方法主要有：信息调查法、数据对照法、资产损失分析法、环境分析法、风险树分析法、情景分析法、风险清单法。

公司还会根据自身情况，设计风险识别的方法，例如，专家调查法、流程图分析法、财务报表分析法、战略分析法等。

2. 实施步骤

首先，信息收集。通过观察、调查、询问等手段获取第一手风险信息和数据，在此基础上，结合外部环境变化，对这些信息和数据进行整理分析，进行信息的初步处理。

其次，风险识别。根据信息分析的结果，确定风险情况或者潜在风险情况。

再次，重点评估。根据具体的量化结果，运用定性分析、定量分析、假设、模拟等方式，进行风险影响评估，预计可能发生的后果，并提出备选方案。

最后，拟定计划。根据前期风险评估，拟定风险防范或者处理的详细方案和行动计划。

三、大学生创业过程常见风险及防范措施

(一) 现阶段大学生创业实践面临的挑战

调查显示，我国目前大学生创业实践仍面临很多挑战：大学生创业的最大障碍是资金约束，超过半数的大学生认为，资金短缺问题是他们在准备创业或者创业过程中遇到的最大困难：51.0%的在校大学生、53.1%的创业者和53.8%的有创业经历者持有该观点。资金短缺问题源于大学生外部融资约束。对于创业者的调查显示，六成创业者主要使用自有资金（自己、家人和创业伙伴的资金）进行创业，其中29.2%的创业者主要使用家人的资金进行创业。❶

从以上调查结果可以看出，目前大学生创业的首要阻碍因素就是资金问题，如何解决目前大学生创业存在的融资难的问题，是解决目前大学生创业众多阻碍的一个有效途径。

(二) 大学生创业的主要风险与防范

大学生在创业时一定要人认真分析自己在创业过程中可能会遇到的风险，这些风险中哪些是自己可以掌控的，哪些是不可掌控的；哪些是致命的，哪些是要极力避免的。一旦这些风险出现，如何去化解，才能将损失降到最低。大学生创业的风险主要有以下方面：

风险一：项目选择

大学生创业时如果缺乏前期市场调研和论证，只是凭借自己的一时兴趣和一腔热血来决定投资方向，不去评估市场，这样创业失败的可能性较大。

大学生创业首先一定要做好市场调研，在充分了解市场、评估市场的基础上创业。一般而言，大学生创业者的资金实力较弱，因此，适合选择启动资金不高、人员配备要求不高的项目着手，一步一个脚印来，这样风险系数将会降低。

风险二：创业技能缺乏

现阶段，很多大学生创业存在纸上谈兵，无法将创业计划付诸实践的情况，缺乏解决实际问题的能力。要增强大学生的创业技能，一方面可以先到企业积累经验，边工作边创业，为自己创业打下坚实的基础。另一方面，大学生要尽可能抓住各种机会参加创业培训、创业论坛等，积累创业知识，接受专业的创业指导，提升创业技能。

风险三：资金风险

是否有足够的资金补足将会持续影响创业的全过程，这也是创业者长期需要考虑和解决的问题。创业一旦开始，就必须要考虑足够的资金支持来保证创业项目的

---

❶ 黄玉珊，周松，欧阳亮. 大学生创新创基础与竞赛进阶教程 [M]. 北京：科学出版社，2019：110.

运作。对于初创企业来说，一旦出现资金短缺或者现金流中断，都会给企业带来巨大的威胁，许多创业项目都会因为资金问题而影响项目的成长，错失许多机会。

大学生创业需要拓宽融资渠道，除了银行贷款、自筹资金、民间贷款等传统方式，还可以充分利用风险投资、创业基金等融资渠道。

风险四：社会资源贫乏

企业创建、业务拓展、产品推介等都需要较为广泛的社会资源，然而大学生在这方面尤为欠缺。大学生创业者平时应该多参加与创业项目有关的社会实践，在创业前期进入到相关的企业进行锻炼，积累较为丰富的人脉和社会资源。

风险五：管理风险

一些大学生创业者具优秀的技术，但是往往缺乏决策、计划、组织、指挥、协调和控制等方面的企业管理能力。要想提升创业成功率，创业者除了要一手抓技术，管理一个组织的能力也需要不断提升。因管理能力导致创业失败的原因一般有决策随意、信息不通、理念不清、用人不当、急功近利、盲目跟风、缺乏创新，缺乏战略思维，等等。

大学生创业者除了要学习相应的管理知识和管理技能外，还可以尝试从合伙创业、家庭创业或者虚拟店铺开始，锻炼自己的管理能力。当然，也可以考虑聘请职业经理人负责企业的日常运作。

风险六：竞争风险

一个行业，无论起初市场多么广阔，随着市场的不断饱和，竞争也就无法避免。如何应对市场竞争，是每个企业随时都要考虑的事情，对于初创企业，更是如此。如若创业者选择竞争激烈的行业创业，那么在创业的一开始，可能就要承受同行的强烈排挤。一些大型企业为了把小企业吞并掉，会采取低价销售等手段，抢夺市场份额，吞并小企业。而且，对于大企业来说，由于规模足够庞大，效益和实力雄厚，短时期的降价并不会对企业造成致命的伤害。然而，对于初创型企业的打击，将会是毁灭性的。为此，思考好如何应对同行企业的竞争是创业者创业必备的意识。

风险七：团队分歧

随着社会的发展，团队在一个企业当中的重要性变得越来越明显。对于初创企业来说，成功的关键往往来自团队的力量，一个优秀的团队往往能带领一个企业发展壮大。所谓"成也萧何败也萧何"，往往一个企业的毁灭力量，也来自团队。所以，初创企业一定要组建一支优秀的团队，同时，要进行较好的团队管理，特别要注意企业中非正式群体的管理，一方面非正式群体可以有助于团队内部压力的释放，另一方面，非正式团体也会传递负面力量，从而影响企业内部的团结和凝聚力。

做好团队管理和协调并非易事，特别是涉及股权、彼此利益的时候，很多初创公司团队都会不欢而散。

风险八：核心竞争力缺乏的风险

对于一个初创型企业来说，其目标就是将公司发展壮大，因此，核心竞争力对其来说就十分重要。如果一味地依赖和模仿别人的市场和产品，没有自身的核心竞争力，那终将会被市场所淘汰。要想使公司得到长远发展，在创业之初就要将核心竞争力放在战略发展的高度进行考量。

风险九：人力资源缺失风险

对于偏技术型的企业来讲，人才和骨干尤为重要，人才的流失势必会对企业的发展带来至关重要的影响。因此，防止专业人才和业务骨干的流失是创业者时刻应该注意的问题。当今社会，企业的竞争很大程度来自人才的竞争，人力资源已经越来越成为企业发展的重要影响因素，重视人才，吸纳人才，减轻人才流失已经成为每个企业必不可少应该重视的问题。

风险十：意识上的风险

意识上的风险是隐蔽的，不容易被发现的，常常从内部击垮企业。大学生一般出现的意识上的风险主要有投机的心态、急功近利的心态、侥幸心理、过分依赖他人等。

大学生创业遇到的风险并不局限于以上十项，在创业过程中还会遇到各种各样的风险和挑战，大学生创业者需要时刻保持一种积极向上的心态，善于创新，乐于学习，时刻洞察潜伏的危机和风险，建立比较完备的风险处理预案，减轻甚至避免风险和阻碍的发生。

（三）创业风险的防范措施

1. 尽量基于自己所学专业知识进行创业

调查分析结果显示，大学生在本专业领域进行创业的成功率更高。同时，很多创业者也认为，"优先转入相关专业"是学校提供的最有效创业支持政策。[1] 这些都说明了大学生所学的专业知识能够为大学生创业者提供专业的知识支撑，所以，大学生最好选择自己的专业领域内的行业进行创业，这样会事半功倍。

2. 积极争取各方的帮助

前文已经提到，大学生创业最大的阻碍因素是资金约束，国家也为大学生创业出台了一系列支持性政策，但是很多情况下，大学生往往没有想到或者了解到国家的扶持政策。为此，大学生在进行自主创业的同时，要多加关注国家的优惠政策，解决资金短缺的燃眉之急。除此之外，大学生也可以寻求来自政府、高校、社会组

---

❶ 黄玉珊，周松，欧阳亮. 大学生创新创基础与竞赛进阶教程［M］. 北京：科学出版社，2019：113.

织、其他企业等社会各界的帮助，提高创业成功率。

3. 积极寻找创业机会

随着第三次工业革命的冲击，近年来利用互联网和高科技技术进行创业已经成为社会的普遍现象。2020 年以来，网络教育、网络销售等新兴行业的发展壮大，一系列直播带货网络平台如雨后春笋纷纷涌现。未来十个存在重大创业机遇的行业有互联网服务行业、教育培训行业、健康管理行业、银色产业、信息安全服务行业、虚拟现实与增强现实行业、泛娱乐行业、物联网行业、绿色环保行业、创业支持与服务行业等。大学生有必要密切关注这些行业，借助互联网、大数据、人工智能、区块链等手段，在这个时代中顺势而为。

4. 慎重决定创业

虽然我们要鼓励大学生创新创业，为社会发展和进步贡献自己的力量。但是，大学生也存在创业资金缺乏和经验不足等缺陷，也会给创业带来巨大成本和损失。为此，大学生要在合理评估创业风险，做好创业准备的情况下做出创业决策，切不可以因为一时的热情和冲动就要创业，做好应对创业失败的完备方案。

四、西南地区创业风险的识别与防控

（一）西南地区创业风险的识别

西南地区相较于其他有其自身的独特性，由于西南地区大多数地区为农村地区，虽然有较高的资源禀赋，但也存在交通不发达，市场不充足等问题。青年在农村创业，会面对更多环境变量，创业环境充满挑战，创业风险发生率大大增加。钟雄星通过对农村创业者的问卷和访谈调查，从创业生命周期的角度分析了青年在农村创业的风险特征和提升风险控制能力的对策。通过调查发现，成熟期企业面临最大的风险是技术风险；成熟期企业的自然风险控制能力和经济风险控制能力较强；资金预估不足导致经济风险增加；区域优势、政府扶持和"特产型"创业项目提高了农村创业者的政策风险控制能力。❶ 有学者认为，贯穿于返乡农民工创业过程中的风险，主要包括知识风险、财务风险、政策风险和市场风险。❷ 青年大学生在知识风险部分可能优于农民工，在大学的专业知识学习和社会实践能力的培养和锻炼下，其合作意识，专业知识储备有较大的提升，但对于大学生来说，其他风险也是同样存在的。

1. 大学生在西南地区创业的财务风险

与农民工返乡创业一样，大学生在西南地区创业也存在财务风险。大学生由于

---

❶ 钟雄星. 基于创业生命周期的青年农村创业风险研究 [J]. 老字号品牌营销, 2021 (5)：55-66.

❷ 赵思宇, 雷焕贵. 农民工返乡创业风险识别与防控 [J]. 中国农业会计, 2021 (3)：76-78.

刚从学校出生社会，自身缺乏资金储备，绝大部分的资金来源均来自亲朋好友借款、信贷机构贷款进行筹集。大学生由于初入社会，人脉资源积累得还不够，因此这一条融资渠道风险较大。同时，大学生由于偿还能力的有限性，在信贷机构融资也具有较大的风险。

2. 大学生在西南地区创业的政策风险

地方政府把企业创办数量作为地方经济发展的定量指标，也会积极帮助和鼓励大学生返乡创业，给予大学生返乡创业众多的优惠政策。但是，这也导致了部分创业项目只注重前期创办，忽略后期支持和持续性发展的关注。另外就是积极介入大学生的创业全过程，从选址办厂、选择创业项目、筹集资金及应用到创业项目推广、创办企业运营、创业产品销售再到兜底保障创办企业不倒闭，导致大学生缺乏主动性，在遇到资金短缺、产品销售无力等问题时，大学生创业者就会缺乏自我解决的能力，这样的创业往往不会长久。

3. 大学生在西南地区创业的市场风险

西南地区由于区位条件的影响，交通不便，道路狭窄蜿蜒，给通往大城市之间的物流线带来诸多阻碍和不便，这就给产品市场的拓展带来诸多困难，大多数原材料需求厂商也会由于运输成本问题而放弃开拓西南地区市场。此外，西南地区大多生产的是农产品，其附加值不高，也很难赢得消费者青睐，这就给大学生在西南地区创业带来会很大的市场风险。同时，2020 年以来，社会环境的变化也带来一定的市场风险，给世界经济带来致命一击，也给国内企业的发展蒙上阴霾，很多创业公司也是在这一时期夭折。西南地区也不例外，由于市场的影响，菜农、果农等种植业为生的民间创业者都相继受挫，大多转为线上销售和低价售卖。

（二）西南地区创业风险的防范

西南地区具有丰富的创业资源，其中一个重要的资源就是旅游资源开发。返乡农民工在乡村旅游地面临的创业风险主要有自然风险、市场风险、资源风险和环境风险，而规避这些风险的方法包括：加强乡村旅游地基础设施建设、合理规划创业市场、落实创业优惠政策、为返乡农民工提供资源和保障、优化创业环境。❶ 粟庆品从创业风险投资环境的角度构建了西南地区风险投资环境的评价指标体系，分析了西南地区发展创业风险投资的意义及策略。❷

1. 西南地区发展创投的战略意义

（1）转变经济发展方式的必然要求。改革开放 40 多年来，西南地区的经济建

---

❶ 郑粤. 乡村旅游地返乡农民工创业风险类别研究 ［J］. 现代化农业, 2021（1）: 53-57.

❷ 粟庆品. 西南地区创业风险投资环境评价与策略研究 ［J］. 特区经济, 2012（6）: 20-23.

设取得了巨大成就，但也出现了一个经济发展方式战略性的失误，导致经济运行质量不高，环境污染严峻，资源消耗严重等。解决这些问题的根本途径就是由主要依靠增加物质资源消耗转变为主要依靠科技进步、劳动者素质提高和管理创新。而创投不仅为创业企业提供一定的资本支持，而且提供增值服务，强化企业技术进步和规范化管理，促使企业迅速成长和发展壮大，进而推进企业以至区域性经济发展方式的转变，为保持经济平稳较快发展增添推动力。

（2）加快西南地区自主创新的必由之路。建设创新型国家，就要建设创新型区域。创新型西南地区的建设，需依赖于大批创新型企业的发展壮大。世界各国经验普遍证明：创投是一种行之有效的、支持创新及科技产业化的新型融资机制，是科技与金融紧密结合的产物。事实上，由于创投的引入，创业企业可加强重点领域关键技术的突破，开发和拥有自主知识产权的新技术、新产品，提高核心竞争力。同时，通过创投功能的发挥，还能引导和带动区域性科技投融资体制改革和科技创新激励机制的实现，从而促进西南地区自主创新。

（3）加快培育战略性新兴产业的必然选择。当前，西南地区尤其是四川、重庆，新一轮产业技术革命曙光初现，生物技术、新能源、新材料和先进制造业等领域已蕴涵了较大的势能。将这些潜在的势能变为现实优势，是创投的一项重要使命，也是其面临的难得的发展机遇。创投不仅可以为战略性新兴产业注入早期发展资金，而且可帮助企业对创新型人才的培育和引进，开发出适合战略性新兴产业快速发展的新型商业模式，促进西南地区进一步调整优化经济结构，增强经济社会可持续发展能力。

（4）解决日益严峻的社会就业问题的必然要求。近几年，西南地区人口总负担指数均高于全国平均水平，就业形势比较严峻，这既是一个经济问题，也是一个社会问题。世界各国的经验表明，中小型创业企业不仅是国民经济新的增长点，而且是创造就业机会的"源泉"。美国80%以上的新增就业机会是由中小型创业企业所提供的，其中创投起了关键性作用。西南地区通过加快发展创投，培育大量的创新型中小企业，不仅发挥技术层次劳动力的作用，而且可以以较小的投资吸纳相当数量的普通劳动力，从而逐步缓解日益严峻的人口与就业矛盾。

2. 西南地区加快创投发展的主要策略

（1）拓宽"进入渠道"策略。所谓拓宽"进入渠道"是指拓宽创业资本的来源渠道，以壮大创投机构的实力，培育更多的创业企业，这是提升西南地区创业活动环境指数的有力措施。

1）加快发展创投引导基金。这是引导各类资本进入创投业的重要手段。建立引导基金，一方面，可以充分调动现有创投企业的积极性，使之获得资金支持和管理保障，并实现投资运作制度化和规范化。另一方面，引导基金的收益模式以及扶持政策，不仅引导社会资金投向，减少资本外流，而且分担创业投资风险，对加快科技成果转化，提高科技投入产出效率有着重要的促进作用。引导基金要改变以往直接拨款注资的做法，主要应以母基金的方式进行管理和运作，同时参与商业性创投基金的发起和运作，使之获得资金的保障和风险的释放。

2）引导各类资金成为创业资本。这是建立雄厚的创业资本的重要途径。一些发达国家的创投企业，其资本主要源于民间的富有阶层和保险基金。经过多年的发展，西南地区的民营、私营企业有了一定的积累，但缺乏有效的投资渠道。随着社会保障制度的完善，西南地区也逐步筹集起巨额的社会保障基金。如果能将这两部分资金集中起来，投资于风险相对较小、成功率较高的项目，不仅有利于创投的发展，而且有利于有效配置社会闲散资金，特别是利用创投的高收益进一步促进社会保障基金的保值和增值有着重要的意义。随着创投经验的积累，还可扩大这两部分资金用于创投的比例，使之成为创业资本的主体之一，确保创投企业的资金供给，促进创投业加快发展。

3）加快探索有限合伙制。这也是拓宽各类资金进入创投业的重要环节。总结国外的发展经验，有限合伙制是最适合于创投的组织形式，美国80%的创投企业都采用这一组织形式。目前，西南地区以有限合伙制组织形式组建的创投机构还很薄弱，这是制约西南地区创投业发展的一大障碍。因此，要大力鼓励和支持以有限合伙方式设立创投机构，既充分发挥有限合伙制具有较强融资能力的优势，又保护债权人的利益，激励普通合伙人的积极性和创造性，提高企业的运作效率。但推行有限合伙制，要以进一步完善个人财产制，建立健全社会信用体系为前提。

（2）加强"增值服务"策略。所谓"增值服务"，是指创投机构对所投资的创业企业注入的有利于企业成长和长期目标实现的服务形式。这一点，是创投区别于其他投资的地方，这也是提升西南地区创业活动环境指数的有力措施。

1）加强对创业企业的结构优化。重点是促进创业企业的股权、资产、融资、人员等结构的优化。优化股权结构，建立并完善创业者、经营者、技术骨干、投资机构的股份和职工的期权股份等，多元化的股权结构不仅为融资创造条件，而且有利于摆脱个别股东股份过大所带来的干预。优化资产结构，积极鼓励现金入股，加强社会性融资，增加企业资产的流动性，降低资产负债率。优化融资结构，长中短期融资相结合，以中长期融资为主，短期融资为辅，进一步稳定资金来源渠道。优化管理人员结构，在完善的公司法人治理机制下这一点显得尤为重要，应积极引入高层职业经理人取代原有的创业者负责企业经营与管理的做法，以增强创业企业的竞争力。

2）制定和实施创业企业发展规划。预则立、不预则废。由提供股权资本的创投机构牵头，组织所投资创业企业及有关专家学者，按照"统筹规划、突出重点、长短结合、稳步推进"的原则，根据当地经济社会发展战略，编制企业中长期总体规划，明确企业的总体目标、发展思路、实施阶段和战略重点，并提出相应的具体措施。加强规划的组织实施，把规划确定的目标任务分解到年度，落实到部门，以年度计划的执行来推动规划的实施，以部门任务的完成来保证规划的推进；实行企业规划中期评估制度，主要评估重要目标的完成情况、战略重点的实施情况等，根据评估结果，及时总结经验，发现问题，研究提出对策措施，确保规划顺利实施。

（3）拓宽"退出通道"策略。所谓"退出通道"，是指创投机构为获得资本增值收益所进行的股权转让方式。从西南地区现实出发，上市退出是首选，产权交易市场仍不失为一条重要的退出通道，这也是提升西南地区创投的金融市场环境指数的重要路径。

1）加快创业企业上市。一是挖掘上市资源。按照"上市一批，申报一批，培育一批，储备一批"的原则，重点将获得高新技术企业认证，拥有国家或省部级名牌产品或驰名商标、发明专利等优势的科技型中小企业，及时纳入上市资源后备库，进一步完善上市资源培育机制。二是实施分类指导。对有意上市的企业，联系有关专家进行上市诊断，并通过上市培训、推介等活动，帮助企业确定上市目标、启动上市工作。对纳入重点培育的企业，帮助其尽快确定券商，早日进入上市程序。对已与券商签署合作协议的企业，督促其尽快完成改制，争取尽快进入辅导验收，尽快申报。对已申报的企业，重点做好与中国证监会等部委办的联系与沟通，争取尽快获准发行。

2）充分发挥产权交易市场作用。这是构建地方性创投退出渠道的重要手段。首先，加强统一规划和布局，整合资源，建设统一开放、互联互通的西南地区现代化产权交易中心，同时完善各省区产权交易市场，加快形成以产权交易中心为主体、各省区产权交易市场为补充的西南地区产权交易合作网络。其次，实行创业企业股权集中统一登记、托管制度，既创新了融资方式，又拓宽了资本退出渠道，推动股权托管与产权交易的有效结合。再次，按照市场化运行原则，全面实施创业企业的产权、股权、债转股等项交易，为创投有效退出提供便利的同时，有效解决创业企业资产存量的市场化、优化配置等问题。

（4）加强"政府扶持"策略。所谓"政府扶持"，是指充分发挥政府配置公共资源的主导作用，加强创投相关法规和政策的支持，以促进创投业可持续发展，这也是提升西南地区创投的法律政策环境指数的重要途径。

1）完善创投发展的法规体系。主要是加快地方性行政法规出台进程，以冲破创投发展瓶颈。尽快出台《西南地区促进创投业发展若干规定》，着力于降低创投企业的注册资本、放宽对单个创业企业投资额的限制和加强区域创投的合作。在此基础上，完善西南三省二区一市已经出台的创投有关规定，加快形成地方特色与区域合作、局部利益与全局利益相结合的创投管理体系。适应创投业快速发展的需要，尽快制定或修订《创业企业投资入股管理办法》《资产评估办法》《产权交易管理办法》等相关规定，规范市场行为，切实保护技术创新和技术商品化、产业化中各方的合法权益，推进创投业健康持续发展。

2）健全创投发展的政策支持体系。发挥集成优势，加大政府对战略性新兴产业化项目的投资力度，形成和扩大创投发展的示范效应。加强创投业与科技计划的衔接，争取10%以上的创投项目纳入各项科技计划，重点支持处于种子期、成长期阶段的创业投资项目。建立创投担保基金和补偿基金，大力支持创投业向各类金融机构争取优势项目贷款，加大对投资前端的创投机构的风险补偿力度。为实现西南地区创投业的跨越式发，西南地区的创投机构按高新技术企业享受有关税收优惠政策，包括创投企业、创投管理公司、创投基金设立的机构和境内外创投基金在西南地区设立的分支机构以及从事创投的科技企业孵化器。按照"资格审查、运作监管、政策引导、强化服务"的原则，加大政府直接采购创业企业产品的力度，促进创业企业的成长。在同等条件下，优先安排由创投培育成熟的创业企业上市，扩大创业风险资本的同时，缩短资金使用周期，进而培育更多的创业企业，形成良性循环机制。

（5）建设"人文环境"策略。所谓建设"人文环境"，是指改善有利于促进创投发展的创业创新氛围和社会信用体系等，这也是提升西南地区创投的人文环境指数的重要措施。

1）营造创业创新氛围。沿海地区创投业的奇迹与辉煌，一个重要经验就是"敢创""敢试""敢为天下先"等理念深入人心，这种人文环境造就了一批又一批创业者、创业机构和创业企业。西南地区加快发展创投业，就要营造良好的创业创新氛围。要强化自主创业、自主创新的意识，大力提倡敢为人先、敢冒风险的精神，大力倡导敢于创新、勇于竞争和宽容失败的精神。特别鼓励科技人员创业创新，培育全民创业创新的基因和特质，营造人人参与创业创新、人人支持创业创新、人人推动创业创新的社会氛围，加快形成"勇于创业、敢于创新、奋发向上、追求成功、宽容失败"的创业创新文化。大力挖掘、总结和宣传创业创新的先进典型，树立创业创新的精神标杆，形成强有力的创业创新示范效应。构筑创业创新公共平台，依托高新区等各类开发区和科技创业服务机构，打造科技成果产业化平台。围绕主导优势产业，加强对重大关键技术和公用技术的联合攻关，打造以重点行业技术创新和公共技术创新为核心的西南地区产业技术支撑平台。

2）完善社会信用体系。完善的社会信用体系，这是人文环境好的重要标志之一。加强政府、银行和企业之间的合作，建立完善的信用评估和信用维护体系，打造统一的西南地区信用信息平台，向社会提供完备、权威的信用信息服务。特别是要加强银行与工商、税务、公安、质监等部门之间的合作，建立西南地区一体化的企业和个人信用信息数据库。加大执法监督和打击逃废债务力度，健全失信处罚和守信奖励制度，维护金融信用环境。对失信的创投企业、创业企业以及违约个人，要立即通过各种媒体进行公开曝光，并降低其信用等级，在其信用档案中做长期记录。对已公开谴责的失信企业和违约个人，在规定期限内不予纠正的，要列入失信和违约黑名单，各部门应对其进行联合制裁，予以重点打击。

【拓展阅读】

（1）张玉利，等.《创业管理》，机械工业出版社，2010.

（2）单林波.《大学生创新创业思维与方法研究》，中国商务出版社，2020.

（3）黄玉珊，周松，欧阳亮.《大学生创新创基础与竞赛进阶教程》，科学出版社，2019.

【本章小结】

本章通过对创业机会的含义、类型的介绍，进而引出创业机会的识别，通过对创业机会识别的一般过程、影响因素和行为技巧的介绍和阐述，进而讨论西南地区创业机会的识别情况。接下来，通过对创业风险的概念、特征、分类等的介绍，引申出创业风险识别的基本理念、途径、方法和步骤，进而讨论了大学生创业过程中常见风险及防范措施。在此基础之上，讨论西南地区创业风险的识别和防范，为大学生在西南地区创业识别机会和防范风险提供理论建议。

【思考与实践】

（1）创业机会的含义、类型是什么？

（2）如何进行西南地区创业机会的识别与把握？

（3）创业风险的概念、特征、分类以及识别方法和步骤内容有哪些？

（4）大学生创业过程中常见风险有哪些以及如何防范？

（5）大学生如何对西南地区创业风险进行识别与防控？

第四章　西南地区创业资源的开发与整合

【教学目标】

通过对创业资源，特别是西南地区创业资源的了解，在掌握资源开发与整合方式方法的基础之上，学会和掌握大学生在西南地区进行创业资源开发与整合的技巧，从而更好实现西南地区创业融资。

【教学要点】

1. 西南地区创业资源
2. 西南地区大学生创业资源的开发与整合
3. 西南地区大学生创业融资

【案例导入】

贫困地区的创业梦

提起仁布县达热瓦建设工程有限责任公司，在西藏几乎无人不晓。这家公司的主营业务是公路工程施工、水利水电施工、房地产，总资产达1.01亿元。该公司的总经理是群培次仁。

位于雅鲁藏布江中上游的仁布县山高谷深、人多地少，一直受贫穷的煎熬，是西藏自治区重点扶持的贫困山区。群培次仁20岁出头时，意识到仅靠几亩土地很难改变一家8口生活贫困的面貌，于是他凭借父辈传下来的木匠手艺四处打工，在与汉族施工人员的合作中，他学会了房屋建筑的基本技能。

1982 年是改变群培次仁命运的关键一年。中国政府专门召开西藏二作座谈会，对西藏实行了免征农牧业税等一系列促使农牧民休养生息的政策。这一年，西藏各地掀起一股新的建设热潮，他敏锐地捕捉到建筑业蕴藏的无限商机，组织村里的 28 名剩余劳动力成立了建筑公司，承包土木结构的藏式传统建筑。

"我们只有 3 辆手推车和一些简单的工具，运料全靠人背畜驮。"群培次仁回忆起创业初的情景颇为感慨。他说，不过我们依靠勤劳和认真施工，一次次得到认可，越来越多的客户与我们签订了合同。

经过 20 多年的发展，达热瓦建筑公司目前拥有员工 485 名，其中绝大部分是农民。近年来，随着国家西部大开发战略的实施，群培次仁将公司的业务从单一的建筑业向房地产、水利水电施工等方面不断拓展，并且在拉萨、山南等地区占据了一定的市场。据统计，2003 年，公司仅建筑业产值就达 4083 万元，实现利润 613 万元。

目前的达热瓦建筑公司已经成为拉动当地经济发展的一辆马车。虽然如此，他的目标是让更多的当地群众实现就业，为国家的经济做出自己的贡献。

【案例思考】

该案例中创业者群培次仁在创业过程中借助了哪些资源，他是如何开发和整合当地资源从而实现创业梦想的呢？

【案例点评】

本案例是一个借助西南贫困地区现有资源以及政策优势进行创业的典型案例，案例中创业者群培次仁借助自身所学习的技术，顺应当地藏式木质结构建筑改造的趋势，发动当地人力资源实现创业梦想，既带动了当地经济的发展，也为解决当地人员就业做出了贡献。

第一节　西南地区创业资源

一、创业资源

（一）创业资源的含义

哈佛大学的霍德华·斯蒂芬森认为："创业者在企业成长的各个阶段都会努力争取用尽量少的资源来推进企业的发展，他们需要的不是拥有，而是控制这些资源。"何为创业资源？首先我们看一下什么是资源。资源就是任何一个主体在向社会提供产品或服务的过程中，拥有或者支配的能够实现自己目标的各种要素及其组合。❶ 相应地，创业资源也就是满足创业者实现创业目标及支撑企业成长过程中的所有支持条件和要素。

也有学者认为："创业资源指创业企业在创业全过程中先后投入和利用的各种物质、能量和信息的总称，它作为一种特殊的资源，既有所有资源都具备的能为企业创造价值、体现企业竞争力等共性特征，同时也具有一个突出的个性特征——它是创业者捕捉创业机会与制定创业战略的基础。"❷

综上个学者的观点，归根结底，创业资源就是指创业者在创业过程中利用的一切有利于实现创业目标的条件和因素，主要包括物质的、能量的和信息的条件。

（二）创业资源的分类

创业资源有很多，按照不同的分类标准可以将创业资源分成不同的种类，以下从创业资源形态、利用方式、重要程度、控制主体、内容五个方面对创业资源进行分类（表4-1）。

表4-1　创业资源分类

序号	划分角度	类别说明
1	创业资源形态	（1）有形资源。指可见的、能用货币直接计算的资源，主要包括物质资源和财务资源 （2）无形资源。指企业长期积累的、没有实物形态的甚至无法用货币精确度量的资源，通常包括品牌、商誉、技术、专利、商标、企业文化及组织经验等
2	利用方式	（1）直接资源。指可直接利用的资源，主要包括财务资源、经营管理资源、人才资源、市场资源 （2）间接资源。主要包括政策资源、信息资源、科技资源，在创业初期，创业者对间接资源要给予一定程度的重视
3	重要程度	（1）核心资源。一般具有以下特性：有价值，对创业者而言，有助于机会识别与开发的资源都具有价值；稀缺性，稀缺性是资源供求不平衡的一种状态；难以模仿性，稀缺的资源很重要，但最好还具有难以模仿性，或者是竞争对手需要付出极大代价才能复制的资源；不可替代性，不可替代的资源是无法被一般性资源所取代的战略性资源，不可替代往往与稀缺紧密相连；可延展性，可以使企业进入相关市场进行竞争 （2）非核心资源。对于企业发展来说不具有非常重要地位的资源，竞争力不强的资源

❶ 黄玉珊，周松，欧阳亮．大学生创新创基础与竞赛进阶教程［M］．北京：科学出版社，2019：88.
❷ 席佳颖．创新创业事务［M］．北京：机械工业出版社，2019：44.

66

续表

序号	划分角度	类别说明
4	控制主体	（1）自有资源。来自企业内部积累，是创业者自身拥有的可用于创业的资源 （2）外部资源。包括朋友、亲戚、商业伙伴或其他投资者的资金，还包括借到的人、空间、设备，或通过提供未来服务、机会等换取到的资源，甚至包括社会团体或政府资助的资源。外部资源的充分利用，能使企业充分借用外力，实现快速发展
5	内容	（1）人才资源。在创业过程中，需要考虑到组建结构合理、优势互补的创业团队，以及其他需要用到的各类人力资源 （2）资金资源。资金是创业过程中必不可少的资源。无论是产品研发还是生产销售，无论是市场开拓还是渠道建立，无论是新客户资源开发还是老客户关系维护都需要资金。如何开拓资金来源引进外来资金，是创业者要重点关注的内容 （3）信息资源。信息资源是初创企业进行科学决策的重要依据。收集掌握企业内部的信息有利于掌握企业自身的运营状况。收集整理客户信息，才能精准发现细分领域客户，有利于准确把握客户需求、解决客户痛点、提高客户体验。收集竞争对手信息，有利于在竞争中占据优势地位。收集政策信息，有利于把握政策带来的机遇，降低政策带来的风险 （4）市场资源。指企业控制或拥有的与市场密切相关的资源要素。主要包括各种有利于经营许可权、企业现有各种品牌、企业现有销售渠道、企业现有顾客及他们对企业产品或服务的忠诚度，以及其他各种能为企业带来竞争优势的合同关系等 （5）人脉资源。创业离不开人脉，通过丰富的人脉可以拿到一定的创业资金。马云通过蔡崇信在美国投资界的人脉资源成功从高盛拿到了第一笔天使投资 （6）物质资源。物质资源是指企业的有形资产，包括厂房、软硬件设备、原材料等 （7）组织资源。指企业中实际存在的组织运行机制、管理制度及创业者拥有的管理经验、知识和管理能力 （8）技术资源。指对企业具有商业价值的科技成果、生产工艺过程或作业程序等

资料来源：黄玉珊，周松，欧阳亮. 大学生创新创基础与竞赛进阶教程［M］. 北京：科学出版社，2019：88-90.

（三）创业资源的作用及获取途径

1. 创业资源的作用

创业资源对于创业者来说，如同氧气之于人类，没有创业资源，也就无从谈起创业，没有创业资源的支撑，创业也就无从谈起。创业本质上是创业团队抓住商业机会、整合创业资源的过程。对于创业者而言，不可能在一时拥有创业所需的全部资源，这就需要创业者借助适当形式的市场联系和利益关系，在资源控制者与自身之间建立桥梁，将可利用资源有效整合起来。

2. 创业资源获取能力分析

（1）创业主体分析。创业主体分析主要包括创业者的素质、创业团队的组合、专家或顾问的影响力及公共关系能力。

（2）创业客体分析。创业客体分析主要包括产品的创新性、产品的市场前途、产品的预期收益和企业的成长能力 4 个方面。

（3）创业环境分析。创业环境是指在企业成立和成长过程中一系列影响企业前进的外部境况和因素，是创业活动的基本条件，是创业生存和发展的基础。主要有金融环境、政策环境、政府支持、教育培训、国际市场开放程度等。

3. 创业资源的获取途径

（1）获取技术资源的途径。初创企业获取技术资源的途径主要有：吸引技术人员加入创业团队；购买他人的成熟技术，并进行技术市场寿命分析；购买他人的前期技术，进行完善和再开发，使之为符合自己需求，为自己创业所服务；最后就是自主研发。

（2）获取人力资源的途径。人力资源是创业团队的核心资源，在获取时也较为灵活。初创企业获取人力资源的途径主要包括以下 4 种：校园招聘、通过自己的社交圈寻得、求助优秀的人及猎头公司。

（3）获取营销网络的途径。初创企业获取营销网络的途径主要有：借用他人已经成型的营销网络、借用公共流通渠道、自己建立营销网络或者将自己建立的网络与他人已有的营销网络进行融合，取长补短。

（4）获取外部资金资源的途径。初创企业获取外部资金资源的途径主要有：依靠亲朋好友筹措资金；抵押、银行贷款或企业贷款；争取政府资金支持；通过完美的创业计划吸引投资；吸引拥有资金的同盟者加入团队等。

二、西南地区的创业资源

西南地区有其自身的资源禀赋，主要是自然资源，能够应用于创业的资源还不太多，主要有：物质资源、资金资源、人才资源和市场资源。

（一）物质资源

这里所要讨论的物质资源是与创业有关的所有硬件资源，包括原材料。西南地区有广袤的土地，可以为创业者提供建设厂房的土地。同时，西南地区这些原生态且独具特色的森林资源、河湖资源等，为打造自然景观，发展旅游业奠定了物质基础。除此之外，西南地区以生产农产品为主，大自然给予西南地区广袤的农田和森林资源，现代种植业和林下种养殖，为当地出产高质量的农产品奠定基础。以上，为乡村振兴条件下发展农家乐和乡村产业奠定了雄厚的物质基础。

（二）资金资源

随着乡村振兴战略的逐渐推进，国家对西南地区的扶持政策也相继到来。目前，国家对于农村地区创业融资难出台了一系列帮扶政策，同时，一些对口帮扶大省也会携大量帮扶资金助力当地创业和产业发展。目前，成渝正在合力打造经济圈，国家也投入一定资金支持地区高科技产业发展，西南地区近年来也依托高校相继建设了创业产业园和孵化基地，为产业园和孵化基地的创业者提供一定量的信贷资金支持。

（三）人才资源

随着国家大力提倡大学生到基层锻炼，建功立业，大量高层次人才返乡创业，回归农村，目前农村的人才相较于以前有了很大的提升。同时，随着国家对基层工作者福利待遇的不断提升和调整，也吸引了大量的中青年去到农村，为农村的发展做出自己的努力。在这样的背景下，农村的人力资源得到很大程度补充，也为创业者在西南地区创业带来前所未有的机遇。

（四）市场资源

随着人们对农产品质量要求的不断提升，以及乡村振兴战略背景下农产品质量的不断提升，目前西南地区农产品的市场较为广阔，大量新鲜高质量的农产品被销往全国各地。除此之外，随着人民生活水平的不断提升，对美好生活的追求也在不断提升，更多大城市的人更希望去乡村度假，感知乡村，体验乡村，愉悦身心。这就给西南地区旅游业的发展，乡村体验式旅游业的发展以及乡村农家乐的发展带来强大的市场支撑。就目前来看，西南地区创业的市场资源较为广阔和丰富。

第二节　西南地区大学生创业资源

一、创业资源的开发与整合

创业资源种类繁多，对于创业者而言，要在创业过程中实现资源的开发与整合，有效利用可利用的创业资源，开发利用潜在创业资源，达到创业目的，实现资源的优化利用。

（一）资源开发与整合的含义

资源开发是指挖掘、开拓一切有利于实现创业目标的条件和要素。在资源开发的过程中，需要充分发挥创业者的主观能动性，去发现和挖掘实现创业目标的一切有利条件。资源整合就是根据企业发展需要和市场需求对不同的资源进行识别、选择、汲取、转化和融合，对原有的资源体系进行重构，舍弃无价值的资源，寻求资源配置与客户需求的最佳结合点，使之具有较强的柔性、条理性、系统性和价值性，以形成新的核心资源体系的复杂的动态过程。

（二）资源整合的内容

1. 外部资源与内部资源整合

初创企业自身有其自身具备的优势和条件，但不可否认的是企业也并不能完全具备所有的创业资源，需要借助外部环境实现创业目标。要实现内外部资源的整合，首先需要根据企业需求，去挖掘和探索支撑企业发展的各种外部条件，在此基础之上，实现内外部资源的衔接与融合，从而有效发挥内外部资源的优势和效能。

2. 个体资源与组织资源整合

个体资源较为分散，需要将这些零散的个体资源系统化、组织化，不断融入组织资源之中，转化为组织的整体资源。同时，也要将组织资源融入个体资源中，激发个体资源潜能，充分发挥个体资源的价值。

3. 新资源与传统资源的整合

新资源在某种程度上可以提升企业效率，而传统资源的合理有效利用也会催生新资源的产生，激发新资源的活力，如此循环往复，实现新资源和传统资源的有序循环。

4. 横向资源与纵向资源的整合

横向资源是指某类资源与其他资源的关联程度，纵向资源是指一类资源可利用的广度和深度，要实现横向资源与纵向资源的有机融合和贯通，形成纵横交错的立体资源结构。

（三）创业资源整合的原则

1. 尽可能多地寻找和确立利益相关者

创业者获取创业资源过程中，除了自身所具备的资源以外，更多的还有赖于外部资源的支持。因此，创业者需要不断扩大利益相关者覆盖面，提升自己获得创业资源的可能性。一般而言，创业者除了找到少数拥有丰富资源的主体，还要挖掘和开拓更多的潜在资源提供者，实现内外部资源的有机整合。

2. 寻找到利益相关者的共同利益

找到利益相关者之后，要如何维持与利益相关者关系，取得利益相关者的支持，还需要去寻找与利益相关者之间的共同利益。商业合作看中的是利益，是否能进行资源整合，还要更多地找到与资源提供者之间的利益衔接点，发掘共同利益所在。

3. 秉承与利益相关者共赢的合作理念

要实现外来资源的整合，必须建立在合作的基础之上，要实现合作，就要有双赢的合作理念。要突破资源持有者的担忧，实现更宽领域的资源整合，就需要兼顾多方利益，实现双赢或者多赢的合作局面。

4. 加强与利益相关者的沟通和协商

加强沟通是创业者整合资源的关键因素，大多数投资都是通过不断谈判以及与资源持有者进行过不断交流沟通而获得。实践证明，创业者70%的时间都用在沟通上面，包括开会、协商、谈判以及会见投资者等。通过与利益相关者进行有效沟通是获得资源的第一步，也是整合外部资源的基础。

（四）创业资源整合的过程

创业资源的整合过程大致可以分为以下5个方面：认识资源、积累资源、配置资源、自我反馈及能力提升。

1. 认识资源

企业在合理利用外部资源之前首先要对外部资源进行一定程度的认识，到底哪些资源是较为充足的资源，哪些资源是较为稀缺的资源，哪些资源是企业目前最需要的资源，等等。外部环境无时无刻不在发生各种变化，认识资源，为企业提供一份可供选择的资源清单，为企业积累资源打下坚实的基础。

2. 积累资源

创业者在充分认识资源以后，根据企业自身需求对资源进行合理优化组合，使之符合企业发展所需。外部资源并不能完全满足企业需求，企业需要将内部资源积累和外部资源的补充进行结合，为企业发展提供源源不断的资源支持。在竞争激烈的市场环境中，企业需要不断完善自己的核心资源，这就需要借助外部合作和内部学习实现。

3. 配置资源

资源整合的目的是提高企业的核心竞争力以及生产效率，因此配置资源在资源整合过程中处于核心地位。资源配置的方式分为3种：稳定调整、丰富细化和开拓创造，前两种方式都是对企业原有资源进行微调和创新，而最后一个方式则是要对创业资源进行全新的挖掘和探索。

4. 自我反馈

资源整合过程中的自我反馈是指对整合资源整合过程进行反思和改进的过程。在资源整合过程中，可能会存在一些好的做法，值得作为经验进行传承，同时也肯定会出现一些不切实际或者不符合资源整合的做法，需要予以修正甚至摒弃。因此，需要对资源整合过程进行反思，给予一定的反馈。

5. 能力提升

资源整合的过程也是企业能力提升的过程，企业在进行资源整合的过程中，会总结出一套独特的资源整合系统和方式，而这些一独特的成果，正是其他企业没有的独具特色的核心竞争力。这些核心竞争力的提升，会为顾客带来更多的价值。

二、西南地区大学生创业资源的开发与整合

西南地区创业资源开发有其特殊性，一方面，要立足于西南地区本身现有的物质资源，另一方面要在国家大政方针和政策的指引下去开发和整合资源。

（一）西南地区大学生创业资源的开发

西南地区大学生创业资源的开发也就是大学生在西南地区创业时对该地区创业资源的挖掘和开拓，目前西南地区主要有现有有形资源的开拓，如源自大自然的旅游资源，带有传统民间色彩的器物等。无形资源主要是一些民间风俗，历史文化，思想观念。随着科技和物流业的发展，国家对西南地区的支持政策也在逐步落实，成渝双城经济圈的发展也给西南地区创业带来许多契机，西南地区高科技形态的创业资源也值得挖掘和开发。

（二）西南地区大学生创业资源的整合

1. 西南地区大学生创业资源的认识

大学生创业者在西南地区创业，首先需要基于自身创业公司特点对所需资源进行分析和认识。企业类型不同，所需资源也不同，企业本身所具备的资源情况不同，对资源的认识也有所不同。对于初创型公司，创业者首先要思考自己有什么资源，哪些必需的资源是自己没有的，在进行自我审视的基础之上进行做好资源列表清单。对于大学生在西南地区创业，可能拥有的资源就是已有的知识和技术，硬件资源、政策资源和市场资源等，还需要通过不断地开拓、挖掘去搜集和积累。

2. 西南地区大学生创业资源的积累

大学生创业者通过对自身前期已有资源的认识，已经对自身所拥有的资源和需要且自身没有的资源进行了分析和摸排，那接下来就是要对自身没有的资源进行积累和获取。一般而言，西南地区大学生创业需要从政府那里获得政策资源，需要从朋友亲戚或者金融机构获得资金资源，从企业家那里获得市场或者经验资源等。除此之外，大学生创业者还需要从当地村民或者常住主体那里获得相应的硬件资源，如土地，旅游资源，山林资源等。

3. 西南地区大学生创业资源的配置

大学生创业者需对自身所拥有的以及后期积累的资源进行分配、调整、细化以及创造性使用，这一过程就是资源的配置。大学生需要考虑的是如何使资源配置效率最大化，达到 1+1>2 的资源使用效果。西南地区的创业资源更多地源自自然资源，农产品资源，需要将自然资源与自己已经拥有的技术资源、市场资源进行优化整合，使资源得到合理化利用。

4. 西南地区大学生创业资源整合的反馈和提升

通过资源的认识和积累，在此基础之上进行的资源配置，使资源得到有效利

用。然而，往往有些时候资源的配置是不合理的，只有当尝试之后才会发现这些问题，这就需要对资源整合进行反馈，改善配置方案，提升资源的有效利用。例如，如果在西南地区发展种养殖业，仅仅将资金资源投入到种苗的开发以及生产领域，不对市场进行开拓，肯定会影响项目的后续持续性发展。因此，在整轮资源整合之后，通过对资源整合效果进行反馈，以此为基础去提升和优化资源整合情况。

第三节　大学生创业融资

一、创业融资概述

（一）融资的内涵

融资，顾名思义就是资本的融通，其定义也有广义和狭义之分。广义的融资是指资本在持有者之间流动、以余补缺的一种经济行为，因此，广义的融资是一个资金双向互动过程，它包括资金融入和融出两个方面。狭义的融资主要是指资本的融入，也就是通常所说的资本来源。[1] 融资是一次买卖的过程，买卖的标价不是普通的商品，而是企业的股权。融资，本质上就是企业的所有者把手里的股权按照双方商定好的价格卖给投资人的过程。[2] 一般来说，企业的融资方式主要包含以下几点：第一，根据融资期限长短分为长期融资、短期融资。第二，根据获取资金不同的权益特点分为债务融资、衍生工具融资和股权融资。第三，按照不同资金来源分为内源融资、外源融资。[3]

（二）融资原则及注意事项

对于企业创业者来说，如何融到资金，怎样才能更好更快地融得企业所需要的资金是最重要的。需要注意以下原则：第一，慎重选择资金渠道。总体而言，创业企业的平均风险水平较高，有数据表明，哪怕是在创业活动非常频繁、融资渠道活跃的美国，新创业的企业失败率也相当高。美国公布的一项长期研究报告显示：创业企业中，24%在两年内失败，52%在四年内失败，63%在六年内失败。因此，以最终结果为导向，慎重选择资金就是非常重要的。第二，充分挖掘企业竞争力。对处于初创阶段的企业来说，往往规模较小、实力较弱，因此，相当于融资的渠道和方式来说，能够选择的余地比较小，在很多时候会比较容易接受可能并不适合的资金进入。但也正因为创业企业的抗风险能力相对较弱，筹措资金更加困难，所以更应当挖掘企业优势、找到核心竞争力。这主要从综合性的经营必需成本和所需资金

❶ 岳双喜．创业企业融资管理研究［M］．北京：中国纺织出版社，2018：1.
❷ 吴伟．创业投资2.0实战与工具［M］．北京：机械工业出版社，2018：3.
❸ 李明慧．小微企业融资问题及对策研究［J］．河北企业，2022（2）：130-132.

成本之间进行衡量，以及融资风险和投资收益等各方面因素进行衡量。第三，扩大资金总量，加速资金流转。在资金运作方面，为了满足企业运营的需要，要从数量上增加资金的总量。另外，在企业开始运作以后，用各种方式手段调整资金占用结构，加速资金的周转速度，提高资金的使用效率，以满足企业不断扩大生产经营的需求，使企业保持一个良好的发展态势。第四，与金融机构保持良好关系。金融机构是企业融资的重要渠道，与金融机构保持良好关系，可以为企业带来很多便利。如果金融机构对企业有较深的了解，也认同企业的发展方向，那么它一定会愿意支持企业的发展。就算是相同的条件下，需要在一个熟悉的企业和一个不熟悉的企业之间做抉择，从心理学的角度上来说，一定会选择熟悉的企业。❶

除此之外，大学生创业者在进行企业融资上要注意以下问题：第一，要与融资机构融洽合作。第二，对相关民间资本进行必要的调研。第三，妥善解决控股权问题。第四，不过多追求启动资金。第五，适当运用融资租赁的方式。第六，关注盈利模式。

（三）创业融资流程

创业融资有其内在的流程，主要有以下方面：

首先，准确判断企业资金需求量。编制并分析书面现金流量表及所需资本费用计划，是完成这个步骤所要采取的行动。确切知道想要多少资金很重要，至少有两个原因，一是企业不想陷入资金短缺，也不想为不需要的资本付费。二是如果企业不能清除资金所需量，在与潜在贷款者或投资者商谈时会给人造成极坏的印象。

其次，合理选择融资方式。初创企业进行融资时，首选的融资方式是人际融资，主要来源是个人存款、朋友和家人等的融资方式。这里需要提醒的是，在进行朋友和家人融资时要遵守几个原则，第一，融资请求必须符合商业规范，要把家人和朋友当成银行家或投资者来对待。第二，如果是以贷款方式融资，首先需要签一个备忘录。第三，要找那些经济实力相对宽裕的朋友或家人融资，如果经济实力不强，无论愿意帮忙的家人或朋友的意愿有多强，都不应该向他们借钱。

再次，进行融资推介和谈判。创业者需要针对风险投资者制定专门的创业计划，向风险投资者推销项目，说服风险投资者，让其充分了解企业各个方面的情况和市场前景。在提交创业计划和与风险投资者进行讨论之前，创业者需要做以下几个方面的准备：第一，准备应对一大堆问题以考察投资项目潜在的风险和收益；第二，准备应对风险投资者对管理的查验；第三，准备放弃部分业务；第四，准备做出妥协。

最后，签署融资合约。融资谈判结束以后，需要签署融资合约。融资合约的种

---

❶ 岳双喜. 创业企业融资管理研究 [M]. 北京：中国纺织出版社，2018：14-15.

类很多，一般债券融资要签署借款协议，权益融资则需要签订投资合同。

二、当代大学生创业融资

（一）大学生创业融资的现状

王千文认为，在互联网大力发展的今天，大学生创业融资呈现新的特点，目前，大学生创业融资方式较多，但各具优缺点，对于大学生来说，需要根据自身情况合理组建融资模式。从大学生创业融资方式来看，可以分为内部融资，也就是自筹融资，和外部融资，包括政府扶持基金、众筹融资、风险投资、互联网金融支持的第三方支付、金融机构贷款和电子商务平台融资等非常丰富的融资方式。当前自筹融资是大学生选择融资的主要方式。自筹融资主要是向家族亲友借款进行创业融资，属于典型的感情投资的负债筹资模式。该方式的优点是无利息，融资快，风险低。存在的不足是受到家庭情况的限制导致筹措的资金数额不大，并不满足创业初期对资金需求的要求，而且一旦创业失败，不能及时还款上钱，家族亲友的感情会受到影响。其次是利用政府的扶持基金。这是中华人民共和国人力资源和社会保障部颁发的关于《人力资源社会保障部等九部门关于实施大学生创业引领计划的通知》，条款中明确了大学生创业的财政支持，通过银行贷款与财政利息补贴实施小额担保贷款政策。陆续各地政府也出台了关于在校大学生与应届毕业生创业的优惠政策和扶持基金。该类政策虽有一定的刺激作用，但是缺点明显：贷款额度小，需要有担保，申请条件苛刻，实际贷款成功的概率小。最后是金融机构贷款。金融机构贷款就是前面提到的互联网+金融的贷款模式，例如，互联网金融支持的第三方支付、众筹融资模式、金融机构贷款和电子商务平台融资等贷款方式。这类贷款优点多，受到了很多创业大学生的欢迎，但是这些贷款也有各自的优缺点，在贷款方式上应该根据自己的实际情况进行选择。❶

（二）大学生创业融资难的原因

李亚杰认为，大学生创业融资存在融资资金不足、融资渠道有限、融资门槛过多的现实困境，而出现这些困境的原因主要有以下方面❷：

一方面，大学生创业融资难有其内部原因。第一，大学生创新创业经验欠缺。大学生创新创业经验不足是制约其融资困境的内在原因，根据调查发现，在校大学生创业的动机往往是一时的热情和冲动，而对创业项目前因后果并不熟悉和知情，不了解项目的可行性和短板，不了解市场的行情和需求，不知道自己对创业项目的优势和劣势，不知道创业项目面临的困难和阻碍，缺乏长远的规划和考量，在这些

---

❶ 王千文．互联网时代大学生创业融资现状和模式选择［J］．商业文化，2021（26）：26-27.
❷ 李亚杰．大学生创新创业融资困境及对策研究［J］．产业创新研究，2021（17）：157-159.

创业经验欠缺的情况下，很容易在创业初期就会遇到资金瓶颈，而一旦遇到挫折和困难，就会放弃。对于大多数创业者来说，缺乏市场调研，在创新和创业项目中往往会根据自己的主观想法和判断盲目创业，因此对于大学生创业者来说，失败可能成为一种常态，即使创新项目具有较高的科技技术含量，也很难得到市场的认可。第二，个人能力和创业知识不足。作为大学生创业者，由于年龄还较小，社会阅历不足，缺少社会职场的历练，社会经验欠缺。在校期间，学生大多倾向于理论知识的学习，而对于创业技能和相关知识没有系统的培训和学习，毕竟学校能够给大学生提供的创业环境和实践基地是有限的。在这样的客观情况下，学生在创业项目中，个人能力不足以满足创业所需，创业能力不足，致使创业风险加大，同时也加大了创业融资的难度。另外，部分大学生从小娇生惯养，以自我为中心，团队协作意识淡薄，没有实战经验，只会纸上谈兵，这也是导致大学生创业失败的诱因。由于能力不足，知识欠缺，对项目的商业模式、市场前景、营销战略、风险管控、财务预测等缺乏深层次的思考等因素，使资金供给者不愿冒风险出借资金大学生创业者，导致融资困难。第三，创业项目科技含量较低。创新意识和创新思维是大学生进行创新创业的重要前提和核心要素。在"互联网+"和"共享经济"的环境下，创新思维显得尤为重要。大学生在校期间，专业课的学习任务较重，没有过多时间进行创新观念和创造思维的培养与锻炼，另外，学校提供创业实践活动较少，客观情况一定程度限制了学生创新意识和创新思维，这也导致大学生在创业时期无法找到正确的方向，创业项目不具有前沿性和创新性，科技含量较低，无法满足市场发展需求，进而导致融资困难，创业目标难以实现。

另一方面，大学生创业融资难也有外部原因。第一，高校课程和指导影响分析。大学生只有具备足够的创业理论知识和先进的创业理念，并在教师的实践指导之下积累足够的创业经验，才能在创业之初顺利开展各项活动。然而，从实际情况来看，在校大学生缺乏创新创业理论指导与实践，高校创业课程设置并不多，大学生在创业中缺乏良好的创业理论体系和指导。我国高校创业教育起步较晚，近年来才逐渐展开，校企合作制度并不完善，对于创业教育还存在一定的不足和缺陷。而大学生创业又需要学校提供创业课程、给予创业指导，帮助他们丰富创业知识架构，明确创业方向，提高创业能力，积累创业经验，降低创业风险，并为创业融资提供支持。因此，从高校层面来讲，对大学生创业的支持力度不大，创业课程设置不合理，重理论、偏实践，都会导致学生在选择创业项目时偏离正确方向。第二，社会结构与机制影响分析。导致大学生创业出现融资困境，除了自身及高校的原因之外，各类社会机构对大学生创业融资也有一定的影响。从目前来看，各类社会金融机构对大学生融资并不利好。从银行角度分析，银行在考虑自身收益和财务风险的情况下，认为大学生创业风险较高，回收资金风险较大，未来造成呆账的概率较高。因此，针对大学生创业融资，为最大限度降低风险，不仅要求抵押或担保等这些大学生很难完成的苛刻条件，还要求诸多烦琐手续和审批程序，降低信贷额度，延长放贷周期，最终使大学生望而却步。此外，投资机构对大学生创业融资存在一定的限制。大学生创业项目一般科技含量和经济附加值偏低，不符合投资机构的要求，很难融到所需资金。虽然社会上相关组织机构对大学生创业融资有一定的倾斜，但是各类社会机构之间尚未形成合力，对大学生融资带来了困难和阻碍。大学生作为创业的"弱势群体"，在面临创业融资困境时如果政府给予一定的支持，将在很大程度上缓解大学生资金不足的困境。然而在实际生活中，虽然各级政府出台了相关的激励政策和相关的扶持文件，并且针对大学生创业项目提供财政税收减免、无息贷款等优惠政策，但是依然存在一定的问题。如政策的具体细则不够详细，财政扶持资金如何落实到大学生个人的具体过程无法跟踪等。

以上，无论是大学生内部自身原因还是外部环境的影响，使大学生在创业融资方面存在较大困难，大学生需要认清这些困难存在的原因，并想好应对之策，才能在创业融资方面少走弯路。

（三）促进大学生创业融资的对策建议

李彤辉从大学生自身、高校、政府及金融机构四个方面为大学生创业融资提供了路径思考。❶

首先，大学生方面。大学生创业要想成功，最重要的还是项目本身具有高质量，能够吸引资本投资。因此，大学生首先要坚定自己的创业想法，但不能凭空想象、毫无实际地进行创业，应提前做好市场调查，细致地了解所在行业的现实状况、发展前景、创业开始所要面临的问题及困境。同时积极向行业内有经验的前辈学习请教，提前规划好创业初期的资金用途，尽可能做好创业前准备工作，并努力学习新知识，开阔自己的眼界，顺应时代潮流，找到自己创业的竞争力，提高自身创新能力，再开启创业，这样完备的创业项目，才能得到投资者的青睐。其次，大学生要利用在校期间，努力提高自身素质。例如，大学生创业者在校期间应选修一些管理、金融、会计、营销等相关课程，了解企业发展规律以及不同时期企业面临的不同融资方式，在此基础上来制订创业项目计划书，并了解新型融资渠道以及甄别优秀风险较低的融资平台，如网络贷款、众筹等新兴的融资方式，拓宽自己的融资途径，降低自己的融资风险，提高融资的成功率。最后，大学生创业者还可以寻求合伙人，找到志同道合的合伙人一起创业，从一定程度上解决融资问题，也可以在创业过程中共渡难关、共担风险。毕竟，团队的巨大力量，可以帮助大学生创业者取长补短走向成功。

---

❶　李彤辉. 大学生创新创业融资途径分析［J］. 投资与创业，2021，32（17）：21-23.

其次，高校方面。高校要重视大学生创新创业的培养，不仅针对即将离校的毕业生，也要在大一新生中开始进行创新创业教育。首先，高校应加大对创新创业政策的宣传。许多大学生的思想还停留在毕业之后找一份稳定的工作，还没有创业意识，或者有创业想法的学生由于没有支持选择了放弃，因此各大高校应该建立创新创业学院，加强在校园内利用各种途径对创新创业进行宣传，鼓励大学生创业。其次，各大高校应开展系统的创新创业教育。高校应利用其丰富的教师资源，在财务、会计、营销、管理、法律、金融等方面为大学生创业者提供具有针对性的教育和培训，提高学生创业能力，并邀请创业成功的校友返校，分享自己的融资经验。最后，学校应多开展实践性教学。一是参加创新创业大赛，在此过程中优秀的创业项目会被资本看中，从而获得投资。二是可以创立项目孵化中心，邀请相关经验的企业顾问进行指导，以及分析大学生项目的运营模式，避免大学生走弯路，有条件的项目甚至可以去相关企业进行考察学习。三是创建创新创业基金，这一部分基金可以根据学校相关政策落实，也可以由创业成功的校友返校赞助。

再次，政府方面。第一，政府应该加大对创新创业优惠政策的宣传力度，利用新媒体平台以及高校平台，线上线下相结合的方式，向全体大学生进行宣传，并出台具体的操作步骤以及落实方法，确保优惠政策具有可操作性。第二，政府应该设立大学生创业专项基金，专门针对大学生创业需要的小额贷款，降低申请门槛，简化办理手续，使创业者更容易筹集到资金。第三，政府还应全面改善大学生创业环境。例如，可以提供免租金或者租金便宜的场所，以及资金管理的规划的基本帮助、完善法律法规的监管等，为创业者提供更好的融资环境。

最后，金融机构方面。金融机构可以从以下几个方面帮扶大学生创业者融资。首先就是推出适合大学生创业者的金融产品。银行贷款审批严格，大多要求贷款者信用优良，资本充足，但大学生往往不符合这些要求。因此，金融机构应该推出满足初创企业的小额贷款和快速融资条件的产品。同时，扩大小额贷款的宣传力度，让更多创业者可以顺利贷款。其次，金融机构应该简化审核程序，降低贷款利率。大学生办理贷款往往审核严格，需要提供营业执照或者担保，办理手续复杂，无法解决大学生创业者对资金需求急、周转快的要求，这很容易把创业者推向网络借贷的方向，而高额的利息会增加创业者的风险。最后，银行应该针对创业贷款降低利率，减少创业者的还款压力，一心创业。

三、西南地区大学生创业融资

（一）西南地区大学生创业融资现状

西南地区大学生创业融资与其他地区大学生创业融资存在一定区别。从融资的方式来看，目前，西南地区创业在融资方式上更多来自人际融资，自己的储蓄存款，亲朋好友借款。除此之外，近年来，在国家"大众创业，万众创新"以及脱贫攻坚和乡村振兴等政策支持下，国家给予返乡农民工创业、基层创业以及西南地区创业更多便捷、优惠的信贷融资方式。从融资的数量来看，大多数大学生创业者融资的数量均不大，属于小型企业融资。西南地区大学生创业项目大都是种植、养殖以及乡村旅游，因此在初次融资的数额方面，基本不大，根据企业发展的规模，会逐步扩大融资数额。

（二）西南地区创业融资的影响因素及政策建议

钱崇斌对西南地区中小企业融资效率及影响因素进行定性和定量研究之后发现，西南地区中小企业盈利能力对其融资效率具有显著的正向影响作用；西南地区中小企业营运能力对其融资效率具有显著的正向影响作用；西南地区中小企业成长能力对其融资效率具有显著的正向影响作用；西南地区中小企业偿债能力对其融资效率具有显著的正向影响作用。从实证调查结果分析来看，盈利能力对融资效率的影响在1%的水平上显著。当净资产收益率增大时，融资效率会相应提高。当净资产收益率增加1个单位，效率值会相应增加1.021个单位。净资产收益率的高低可以反映出同样的投入量得到产出的大小。因此，盈利能力越高，西南地区中小企业的融资效率就越高。❶

通过对西南地区中小企业融资影响因素的分析，钱崇斌认为，要提升西南地区融资效率，提出如下政策建议：

第一，切实提高核心产品和服务的市场竞争力。企业核心产品和服务的市场竞争力直接反映着企业的成长能力，良好的市场竞争力反映出企业的成长性，对于处于成长阶段的中小企业来说其市场竞争力会影响外界投资者对其的投资信心，良好的市场竞争力会使投资者认为企业处于高速发展阶段，此时投资企业会在未来获得高额的回报，而如果企业的市场竞争力过小，则会降低外界投资者的投资信心，从而不利于企业的发展。所以西南地区中小企业应该将所融到的资金投入到与主营业务相关的生产中，给予核心产品和服务资金支持，企业的核心产品和服务得到足够的资金支持才能快速扩大市场占有率，以此来提高其市场竞争力。但是许多企业，尤其是中小企业会为了短期的利益而将资金投入到高回报但与主营业务无关的活动中，这种只注重高回报的短期行为必然会使企业逐渐丧失市场竞争力，从而危害企业发展。所以西南地区中小企业首先需要将有限的资金投入到企业的核心产品和服务中，大力促进主营业务的发展，切实提高企业核心产品和服务的市场竞争力。

第二，注重提高科技创新能力。由 Malmquist 指数分解可知，从动态的角度来看，导致全要素生产率变化指数下降的主要原因是技术进步变化指数下降，所以样

---

❶　钱崇斌. 西南地区中小企业融资效率及其影响因素研究［D］. 成都：成都理工大学，2018.

本企业的技术水平以及创新能力有待提高。一家企业的技术水平可以支撑其发展，而创新能力是其发展的源泉，所以西南地区中小企业应该重视科技创新能力的提高，积极引入大量技术型人才，使企业具备创新的人力基础，同时加大对技术人员的技能培训，使其不断学习新的技术，始终保持先进的技术水平。为了提高员工的创新积极性，激励员工是必不可少的，通过激励使员工提高创新能力，增加创新成果，可以将员工的工作成果与薪资挂钩，员工为了得到可观的收入必然会积极提高自身的技能水平，增加创新成果。虽然大型企业在创新方面具有优势，如资金实力雄厚，从而为创新提供有力保障，但是中小企业在创新方面也是有其自身特点的，如由于规模较小，企业对市场的反应更快，市场的变化和信息在中小企业内部传递得也更快，而且大多中小企业由于还处于成长期，所以在管理上没有太多束缚，这有利于鼓励员工的创新行为，所以西南地区中小企业要扬长避短，利用其自身特点来提高科技创新能力。

第三，培养和激励企业经理人。纯技术效率反映的是企业的制度和管理水平，所以西南地区中小企业应重视经营管理水平的提高。由于所有权和经营权的分离，所以在企业中直接参与管理企业的是企业的经理人，因此要想提高企业的经营管理水平，就要加大对经理人的培养力度，使其具备良好的管理技能，但同时要注意到，即便经理人拥有出色的管理水平，也不一定保证企业经营绩效的提高，因为经理人有可能为了短期个人目标而忽略甚至损害企业的发展目标，如在做决策时会优先考虑这项决策可以给自己带来什么好处，是否能够满足自己的需求，而不会去考虑决策对企业发展的重要性，所以企业需要采取一些有效措施来激励经理人，如使其持有公司一定比例的股份，使经理人既是企业的管理者，又是企业的部分所有者，这样经理人要想满足自身需求那么首先必须要实现企业目标，这样可以使经理人的个人目标和企业的总体目标保持一致，在激励经理人努力工作的同时防止发生道德风险，从而形成有效的激励约束机制，促使经理人不断提高管理水平，进而有效地促进企业纯技术效率的提高。

第四，政府发展企业债券市场，优化企业融资结构。对企业而言，债券融资带来的好处要大于股权融资带来的好处，债券融资不但可以通过抵税来降低企业的融资成本，而且还可以减少由于所有权和经营权分离而产生的代理成本，所以西南地区中小企业应该优化自身融资结构，注重利用债券融资来获得资金支持，促进企业发展。但需注意企业的负债并不是越高越好，高额的负债会增加企业的财务风险，而财务风险过高不但会增加企业获取资金的难度，而且会给企业带来破产的风险，所以企业要在所能够承担的财务风险的基础之上来扩大债券的发行，通过债券融资的好处来提高企业融资效率。政府在企业债券融资方面发挥着重要作用，为了规范债券市场，政府会提高企业发行债券的条件，但许多中小企业往往达不到这种严格的条件，从而企业在债券市场的融资行为就受到限制，这不利于中小企业获得债券融资。因此，为了鼓励和支持西南地区中小企业发行债券，政府应该在不扰乱市场秩序的基础上适当放宽债券发行的审批条件，使更多的企业具备发行债券的资格，从而拓宽企业的融资渠道，为企业优化融资结构创造一个良好的外部环境。

（三）西南地区大学生创业融资的建议

通过以上学者对西南地区中小企业融资影响因素的分析，可以从中发现西南地区创业企业的影响因素以及创业过程中需要注意的情况。

首先，创业企业的盈利能力对企业的融资有着重要的影响，会对企业的融资有促进作用。因此，大学生在西南地区创业融资时首先需要对企业的盈利能力进行全面分析，在此基础之上寻找融资伙伴，合理有效地阐述企业未来的盈利前景。

其次，企业的营运能力也会对创业融资产生正向作用，大学生创业者需要评估和提升企业的营运能力，为融资打下坚实的基础。西南地区创业企业一定要对企业的营运能力进行分析和思考，一个企业能够得以长久发展，营运能力在其中扮演了重要角色。西南地区创业存在短期见效不大，可能需要几年的时间才能创造财富，因此也就给创业者带来巨大的营运能力考验和压力，企业的持续性发展尤为重要。

再次，企业的成长能力在一定程度上反映出企业的未来发展潜力，这一能力也相应对企业的融资能力产生影响。大学生在西南地区创业，其自身的成长能力较强，大学生自身的个人素质，以及对未来的合理规划和设计，会在中途及时修正方向，即使企业发展偏离轨道，大学生也可以及时进行调整。因此，对于企业而言，这种自身成长的能力会影响企业的可持续发展，也就能够为企业发展融资注入新的生命力。

最后，企业的偿债能力也会对企业融资产生深远的影响。对于西南地区大学生创业企业而言，一般情况下这种偿债能力是比较欠缺的。一方面，因为大学生创业本身在资金上就比较缺乏，另一方面，大学生创业的经验水平等不足，也会导致大学生对未来情况预估出现误差，导致资金偿还能力有限。但是，大学生也可以凭借项目本身的吸引力，以及项目未来的盈利能力实现对投资者的吸引。所以，大学生有必要针对项目本身进行打磨，从项目本身上提升未来偿债能力。

【拓展阅读】

（1）席佳颖 .《创新创业事务》，机械工业出版社，2019.
（2）岳双喜 .《创业企业融资管理研究》，中国纺织出版社，2018.
（3）吴伟 .《创业投资 2.0 实战与工具》，机械工业出版社，2018.

【本章小结】

本章主要讨论和介绍了创业资源的开发和整合，创业融资情况，以及西南地区创业融资的情况和建议。通过介绍创业资源的含义、分类、作用及获取途径，进而讨论了西南地区的创业资源。通过对创业资源开发与整合的含义、内容、原则和过程的介绍，进而讨论了西南地区创业资源的开发与整合。接下来，在对创业融资的内涵、原则及注意事项及流程进行介绍的基础上，进而分析和讨论了大学生创业融资的现状、大学生创业融资难的原因以及促进大学生创业融资的对策建议，也相继讨论了西南地区大学生创业融资现状、影响因素及对策建议，旨在为大学生更好在西南地区创业融资提供建议和参考。

【思考与实践】

（1）创业资源的含义、分类、作用及获取途径有哪些？

（2）西南地区的创业资源有哪些？

（3）资源开发与整合的含义、内容、原则及过程有哪些？

（4）西南地区大学生创业如何进行资源的开发与整合？

（5）西南地区大学生创业融资的情况及注意事项有哪些？

第五章 西南地区创业模式与计划

【教学目标】

通过对创业模式、创业计划内容及要点的学习与梳理，学会撰写大学生创业计划书。

【教学要点】

1. 创业模式的含义及分类。
2. 创业计划、创业计划书的内容及要点。
3. 大学生创业计划书的撰写与展示。

【案例导入】

小米的创新之路

2021年7月16日，全球市场调研机构 Canalys 发布手机市场第二季度排名，小米公司在全球智能手机市场占有率达到17%，升至全球第二，同比高速增长三%。自2020年推出首款高端旗舰小米10系列以来，小米在影像、屏幕、充电、工艺、智能制造等核心技术领域的创新不断，全力突破高端市场，多方位引领了行业的演进方向。其中，小米在影像领域首发1亿像素相机、GN2超大底主摄镜头、液态镜头等新技术，成为高像素相机和大底相机的双赛道领跑者；小米去年率先发布了"第三代屏下相机"预研技术；在充电技术方面，小米实现了200W有线充电、120W无线充电，并发布了石墨烯基锂离子电池、第二代硅氧负极电池等新技术。此外，小米智能工厂一期已建成投产，它是拥有全自动化生产线、年产百万高端智能手机的智能工厂，也是新工艺、新材料、新技术预研的大型实验室，以及先进制造设备和自动化产线的实验基地。

小米创新实力的厚积薄发，背后是巨大的研发投入，以及持续不断的人才激励。2020年小米研发总投入超过100亿元，2021年预计再增加30%~40%。在2021年初，小米就宣布将进行工程师扩招，全年招聘5000名工程师。同时，小米还推出技术人才百万美金大奖、青年工程师奖励计划等多项人才激励措施。

小米集团创始人、董事长兼CEO雷军在全员信中指出，成为世界第二是小米发展史上的重大里程碑，经过五年的艰苦卓绝的补课，小米的产品能力已实现了巨大的提升，在高端市场打开局面并站稳了脚跟。下一步，小米将进一步夯实核心能力，能够尽快真正坐稳世界第二。值得一提的是，小米的全球化拓展与新零售渠道变革也成为其拿下全球第二的重要推力。据Canalys最新披露的全球智能手机Q2数据，小米在境外市场快速扩张，在拉丁美洲同比增速超300%，在非洲超过150%，在西欧增长超过了50%。据小米集团2021年Q1财报，小米手机已经进入全球100多个国家和地区，在12个国家和地区排名第一，欧洲市场排名第二，印度市场连续多年稳居第一。在中国区，小米之家线上下融合的先进渠道模式已经取得阶段性成功，2021年将覆盖所有县城，并进入乡镇市场，线上线下融合的业务模式已经得到充分验证。❶ 由此可以看出，小米手机的成功源于商业模式、营销模式及竞争战略上的创新。

【案例思考】

该案例中小米企业实现了哪些创业模式的创新，这些模式创新为小米带来了哪些市场和优势？

【案例点评】

(1) 从案例事实角度看，很多手机厂商无法做到类似小米手机这样的供应链能力支持，因此小米手机能够抓住当下的低端手机市场需求，通过大批量出货拉动市场复苏。而对于小米手机来说，长期的挑战也正是在于如何将通过独有的产品和定价策略夺取的用户长期地留在自我体系内。

(2) 小米的高端机战略近年来略有起色，但海外市场仍处于探索初期。因海外市场足够大，通过低价倾销先在海外站稳脚跟也较为合理。高端机战略是小米成长的必经之路，但对于小米仍需要时间来进行技术沉淀，这也是制约小米估值的一大因素。

(3) 叠加季节性因素、行业竞品表现等诸多方面，小米手机需要确保渠道与供

---

❶ 新华网.小米智能手机市场占有率升至全球第二同比增长83% [EB/OL]. [2021-07-16].

应链稳定，同时产品得到消费者长期认可，稳定住当下成绩，继续打造"新国货"品牌。❶

第一节 创业模式

一、创业模式和商业模式的含义

（一）创业模式的含义

创业模式是指创业者为了实现创业目的，保障创业理想与权益，进而对各类创业要素进行的合理搭配或有效整合。具体而言，创业模式包含创业的组织形式、方式确定、行业选择等内容，选择合适的创业模式是创业成功的关键所在。

（二）商业模式的含义

商业模式源于创业者发现的商业机会的逻辑化，简言之就是通过什么方式来实现盈利。商业模式属于管理学的研究范畴，学者在分析商业模式过程中，主要关注某企业在市场中与用户、供应商、其他合作伙伴等之间的关系，尤其是彼此间的物流、信息流和资金流。

（三）创业模式与商业模式间的关系

商业模式是指企业之间、企业部门之间、客户之间、渠道之间存在各种交易关系和联系。在现实中，商业模式和创业模式很容易混淆，但事实上，一个好的甚至是创新的商业模式也并不意味着创业的成功。商业模式和创业模式既有区别又有联系。

二者的区别主要表现在：商业模式描述业务的各个部分如何组合到一个系统中。商业模式更多的是由企业建立和运营所必需的所有环节紧密组成的完整的要素链，它往往源于商业机会，主要考虑如何实现企业、客户、股东和其他相关利益相关者之间的"双赢"，任何长期的企业（以及更广泛的组织）都有正确的业务模式，即使它是一个非常简单的商业模式或只是系统的一小部分。商业模式是一种概念工具，它包含一组元素及其关系，用于说明特定实体的业务逻辑。它描述了一家公司可以为其客户提供的价值，以及公司的内部结构、合作伙伴网络和关系资本，以及其他因素，这些因素用于实现、创造、营销和交付这种价值，并产生可持续的盈利收入。而创业模式指的是合理组合各种创业元素的企业家为了保护他们的创业理想和权益，选择创业的组织形式、创业的方式、创业的行业等组合形成创业模式。由此可以看出，商业模式和创业模式在概念上是不同的，各有侧重。创业者在

---

❶ 搜狐. 小米手机销量超越苹果，跃升全球第二 [EB/OL]. [2021-07-19].

构想出一个好的商业模式之后，还需要进一步探索创业模式。

二者的联系主要表现在：商业模式为创业模式提供支撑，创业模式推动商业模式成功。由于商业模式具有全局性，它内在的各单元元素都是相互作用的，如用户需求关联产品定位，又对渠道和营销产生影响，与上下游的合作模式又波及收入和成本，竞争壁垒会帮助项目走得更远。可见，创业模式在商业模式中其他元素的支撑下，才能够有更为合理的设计和运用，直至能够成功。创业模式是商业模式的中心，只有创业模式可行商业模式才能成功。一个项目不能持续产生现金流收入是很难做成的，如果无限制地通过资本推动，往往会出现问题。

商业模式作为一个体系性存在，在连接协调和组织各元素的同时，也在不断让它们变得更加有效，这是系统性的支持，创业模式没有这个支撑根本无法实现。而当创业模式能够持续运转，商业模式基本就算成功了，之后需要的是不断优化和升级。总而言之，商业模式和创业模式源自共同的市场机遇，服务于共同的企业目标。

二、创业模式的分类

创业模式有很多，对于大学生而言，在国家政策的支持和鼓励下，也孕育出了一系列适合大学生的创业模式。国内学者孙玉梅等人对大学生创业模式进行了较为细致的阐述，认为大学生创业模式有以下 5 个类型：❶

（一）科技创业

科技创业是指以开发新的科技产品为主要任务，在开发过程中，不断地把自己的新产品推向产业化的创业内容。目前在全国各大高校举办的创业计划大赛已经成为各高校大学生普遍参与的项目，每年从省市级到校级的"挑战杯"大学生创新创业计划大赛都会涌现一批又一批优秀的创新创业作品，他们立足实际，解决实际生活中出现的一系列问题，以此为基础撰写计划书，形成相关理论成果。

除此之外，大学生创业计划竞赛更是风靡全球，还形成了世界大学生创业联盟。2005 年，我国参加了比赛。通过大学生与企业投资者建立连接和互补，提高了竞赛的广泛性。从这一竞赛中，产生了不少年轻的企业家，也大大促进高新技术产业在世界各国的蓬勃发展。

（二）无成本模式

无成本创业又称"零成本"创业，"零成本"并不是说在创业过程中不投入成本，而是说投入较少成本，这是一个较为广泛的概念。例如，大学生"天使基金"，

❶ 孙玉梅，张吉松，苏凤. 大学生就业、创业理论指导与实践分析 [M]. 北京：中国纺织出版社，2017：207.

这些大学生"天使基金",鼓励支持创业的大学生,并且可以提供 5 万~30 万元的资助。目前我国有些地方,已经设立了天使基金,每名大学生都可以利用这一创业形式进行创业。所以,对于一名有志创业的大学青年学生,如果想要成就一番事业,就应该放下身段,下沉到基层,从最细小的事情做起,通过不断地积累走向成功。

（三）风险创业

顾名思义,风险创业就是指从事蕴含较大失败风险的技术开发产业,以期获得高资本收益的一种创业模式。风险创业主要包含以下几个方面的内容:

第一,风险创业包括风险创业者和风险投资者两个方面。

第二,风险投资后,投资者将风险利益均沾。

第三,能否借用风险投资进行创业,关键在于是否掌握具有竞争力的新产品。

第四,风险投资关键在于是否具有驾驭风险投资的能力。

第五,风险创业,要能够接受失败,从而积累创业经验。

第六,创业者心态要平静,态度要宽容。

（四）企业孵化器模式创业

企业孵化器于 20 世纪 50 年代诞生于美国,那时的企业孵化器还不具备新技术孵化器的功能。而真正企业孵化器的发展与美国硅谷的兴起紧密相连。企业孵化器在推动高新技术发展,培育和孵化中小企业,培植新的经济增长点方面发挥着巨大作用。目前,我国企业孵化器在助力大学生创新创业方面发挥着越来越重要的作用,各地区、各高校已经相继建立自己的创业孵化器,为大学生创业提供场地、技术等方面的支持。目前,我国企业孵化器的数量仅次于美国,位居世界第二位,孵化场地面积及在孵企业数量位居世界第一位。

作为创业者,要学会有效利用创业孵化器进行创业,要正确选择孵化器类型,孵化器主要类型有:综合技术型、大学科技园型、留学生创业园型、企业孵化器型、专利技术型和行业技术型。只有正确选择合理利用孵化器,才能达到成功创业的目的。

同时,还需充分利用条件政策。一般而言,一个成功的孵化器具备以下因素:共享空间、共享服务、孵化企业、孵化器管理人员及优惠政策。大学生需要抓主这些有利因素,向孵化器专家咨询,有效利用孵化器进行创业。

（五）"两栖"创业

这种创业模式是指一些在国外留学的学生,学成后不打算回国创业,愿意流动于所在国与中国之间,一边在国外工作,一边在国内创业。这一创业模式的出现绝非偶然,是在我国改革开放政策深入实施下的反映。同时,也是广大留学生致力于为祖国的发展贡献力量的深刻体现。

第二节 创业计划

一、创业计划概述

(一) 创业计划的含义

创业计划是指创业者制订的一系列实现创业目标的行动方案，创业过程在一定程度上就是执行创业计划的过程。创业计划与一般的日常计划有所不同，创业计划具有更多的商业色彩，创业的目的是创业者最终实现获利，为此，创业计划更多地体现如何实现商业价值。创业计划是创业者打开投资者大门的"钥匙"，是创业者实现其创业目标的行动指南，一份好的创业计划能够在创业者创业过程中达到事半功倍的效果。

(二) 创业计划的内容

创业计划的内容一般围绕执行总结、市场调研、风险分析、财务预测等方面展开论述。主要包括以下 4 个方面：

1. 战略计划

战略计划是与公司的创建和发展有关的各项事宜的总体安排，是一项考虑企业长远发展的规划，在各项计划内容中具有统领地位，指导其他计划的实施。战略计划包括公司概述，如公司成立时间、形式与创业者、创业团队简介、公司发展概述；公司目标，即公司的奋斗目标和要实现的理想；产品或服务介绍，主要有产业环境发展，产品或服务的开发、特性、优势、不足等方面的阐述；进度安排，包括收入、市场份额、产品开发介绍、合作伙伴、融资计划等重要事件。

2. 营销计划

营销计划主要包括市场分析、运营计划和销售计划三部分。

市场分析主要是描述过去、现在和未来的市场需求，分析市场潜力，预测市场发展趋势，明白市场主要竞争者的优势，明确竞争策略。

运营计划主要是说明产品生产和服务开发的情况，包括厂房设计、原材料需求、设备规格、生产工艺、制造流程、产品包装、成本预算、生产计划、融资计划、投资者渴望获得的投资回报等方面的内容。

销售计划主要说明销售策略、销售计划、宣传计划和成本预算等内容。

3. 组织与管理计划

组织与管理计划主要指组织的结构以及内部管理运行方面的内容，主要有组织架构、工作理念、团队管理等。还包括公司的薪酬结构、人才需求计划和培训计划等。

4. 财务计划

财务计划主要包括公司过去的财务状况、融资计划、融资后财务预算与评估及未来 5 年的损益平衡分析。其中，过去财务状况主要指资产负债表和损益表，融资计划主要指融资用途、时机与金额。

创业计划在创业过程中发挥着举足轻重的作用，所以，创业者在制订创业计划时要内容翔实、有理有据。同时，也应该认识到，创业计划总归是计划，不能面面俱到，要重点突出，详略得当，也不能千篇一律，要有特色，彰显风格。

创业计划书是一份全方位的商业计划，其主要用途是递交给投资商，便于他们对公司或者项目做出评判，从而使公司获得资金等方面的融资。

二、创业计划书

（一）创业计划书的基本结构

一份完整的创业计划书由标题、目录、正文和附录 4 部分组成。

（1）标题。标题一般是创业项目名称，体现了公司的经营范围。标题一般在封面用醒目的字体展示出来，如《××创业计划书》。

（2）目录。目录是正文的索引，需要按照章节顺序逐一排列每章大标题、每节小标题以及章节对应的页码。

（3）正文。正文是创业计划书的主体部分，包括摘要、主体和结论 3 部分。

摘要。言简意赅呈现计划书的内容，是计划书的引文，以引起读者的阅读兴趣。同时，提纲挈领概括计划书的内容，使读者对计划书有一个整体的认识。摘要一般包括公司介绍、创业团队介绍、产品和服务、市场分析、营销策略计划、财务计划、资金需求、风险分析的大概内容。摘要在计划书里面的位置非常重要，因此摘要一定要简明生动，精炼贴切，要有闪光点，能给人留下深刻的印象。

主体。主体是对摘要的具体描述，一般采用章节式、标题式的方式逐一叙述。主要涵盖公司的战略计划、运营计划、组织与管理计划和财务计划等方面的内容。具体包括公司介绍、产品或服务介绍、组织结构介绍、前景预测、营销策略描述、生产计划展示、财务规划和风险分析。这些内容的顺序没有硬性要求，但是关键要素必须包含。

结论。结论是对整合创业计划书内容的总结，与摘要首尾呼应，体现文本的完整性。

（4）附录。附录内容对正文的某些内容起支撑、说明或帮助作用，一般包括正文中内容、数据的来源或附带信息；正文中某一问题的研究方法或技术途径；某些由于篇幅过大或取材于复制品而不便编入正文的内容；某些重要的数据、数学推导、计算程序、注释、框图、统计表、打印机输出样片、结构图等。

(二) 创业计划书的作用

创业计划书作为企业发展运行的纲领性文件，在创业企业中发挥着指导性作用，具体作用表现在以下两个方面：

1. 创业计划书是指导初创企业走向成功的路标

首先，创业计划书有助于企业明确创业目标，为企业行动指明方向。

其次，创业计划书有助于创业者分析创业的可行性。制订一份正式的创业计划书需要对市场进行调查分析，会花费大量的时间和精力分析企业的未来发展，在这过程中会有助于创业者更多地思考创业项目的可行性。

再次，创业计划书有助于指导初创企业的经营管理。创业计划书涉及企业运行的方方面面，资金的筹措、战略与目标的设定、财务和生产计划的制订、风险评估等企业管理的各个方面，在制订创业计划的过程中，创业者会不断思考这些问题，有利于其以后对企业的经营和管理。

最后，创业计划书有助于吸引新的团队成员加入。创业计划书的核心目的就是增强利益相关者的兴趣，吸引其加入创业团队中来，为实现创业目标提供有价值的帮助。为此，创业计划书有助于吸引新的团队成员的加入。

2. 创业计划书是与利益相关者沟通的桥梁和媒介

第一，创业计划书有助于让利益相关者全面了解企业。企业的利益相关者有投资者、银行、供应商及内部员工等，通过创业计划书，可以让利益相关者理解企业，产生认同感并帮助企业。

第二，创业计划书有助于让投资者产生兴趣。投资者可以通过创业计划书全面了解初创企业的详细情况，通过对创业计划设想及其他信息的了解，建立起对企业的信心和兴趣，从而愿意为企业投资。

第三，创业计划书有助于让外部读者评阅指导。创业计划书涵盖企业运行发展诸多方面，难免有不妥之处，作为企业的自我推销文件，企业在向他人展示的同时也会在交谈过程中获得到他们给予的建议和意见。

(三) 创业计划书的格式规范

创业计划书是企业的行动指南，同时也是展示企业的重要资料。为此，需要重视创业计划书的格式规范。

第一，创业计划应简洁明了。阅览者在阅读一份自己特别感兴趣的创业计划时，应能立即找到问题和解决问题的办法，因此，对于那些容易引起读者兴趣的部分，应简洁明了地予以呈现。

第二，写作风格要得体适中。一份好的创业计划写作风格上不应是平淡无奇的，不能引起读者的兴趣。同时，也不能太花里胡哨，过于煽动性。计划书要有冲击力，能够抓住投资者的心。需记住的是，创业计划书不是动员报告，也不是文艺作品，而是实实在在的说明书。

第三，创业计划应当客观，应当实事求是。凡是涉及数据的部分，一定要做定量分析，给读者更为直观的数据感受。一切数据要尽量客观和实际，切不可凭主观意愿设计。在行业计划书中，创业者应尽量陈列出客观、可供参考的数据与文献资料。

第四，外行人也要能看懂。通常情况下，一份创业计划书会由不同人员完成，各个部门负责不同的部分，但最终还是要由一人统一完成，以避免写作风格和分析深度的不一致。创业计划书是企业获取投资的敲门砖，不仅要风格统一，叙述专业，而且还要考虑外行人是否能看懂，语言风格上要根据大众性和普遍性。

第三节 大学生创业计划书的撰写与展示

投资家雷克纳曾说："如果你想踏实地做一份工作，那么请写一份创业计划。它能迫使你系统地思考。有些创意可能听起来很棒，但是当你把所有的细节和数据写下来的时候，它自己就崩溃了。"一个创业构想说出来和写出来不是一回事，往往在写的过程中才会进行深入思考，发现所存在的问题，并进行不断完善。

一、创业计划书的内容

（一）封面设计

创业计划书的封面就如同一个人的脸面，最先呈现在阅览者面前，因此封面一定要有独特的风格，这样才能最快引起读者的兴趣。封面重在设计，封面制作者要有一定的审美能力和艺术天赋，当然，封面设计也不能一味地追求新颖和独特，要追求简约、务实和含蓄，让大多数人都能看懂。

（二）公司介绍

公司介绍是正文中的一部分，就如同一个人的自我介绍，其目的就是要让利益相关者认识该公司。公司介绍板块一般包括公司的基本概况，如公司名称、法律形式、注册地址、联系方式等；公司的发展历史；公司所提供的产品或服务类型；公司未来的发展规划和目标等内容。公司未来发展目标体现了公司未来要达到的预期发展效果，就好比一个人的志向和奋斗目标，利益相关者可以从公司发展目标中探析公司未来发展前景，因此，在公司目标这一板块需要好好打磨。

（三）市场分析

市场分析在创业计划书中居于核心位置，能够较为全面反映企业的市场情况和未来发展情况。市场调研和分析是为了了解客户及竞争对手，发掘市场潜力。要去了解客户是否喜欢并且愿意购买你的产品或服务，以及他们为什么购买你的产品，通过什么方式购买？同时，要去了解竞争对手，了解自己公司在市场竞争中的位置，从而更加明确公司未来的发展。

第一，目标市场分析。目标市场是由市场营销学者麦卡锡提出，他认为要把消费者看成一个特殊的群体，这一群体就称为目标市场。针对同一产品，不同的人群有不同的需求偏向。以手机为例，年轻用户更多追求时尚，老年群体更多看重结实耐用。

目标市场分析应该从以下问题入手：你的细分市场是什么？你的目标市场份额有多大？你的目标客户群是哪些人？你的五年生产计划、收入计划和利润计划是多少？你的营销策略是什么？

第二，市场细分要避免四大误区。误区一：市场细分追求越细越好。市场细分的目的是针对不同群体的差异化需求提供差异化、个性化的产品或服务，因此有些人就认为市场细分越细越好。但是，市场细分是需要成本的，市场分得越细，就需要增派更多的人员和资源为其提供产品或服务。初创企业由于市场规模较小，若把目标市场分的过细，就会增加市场细分成本，不利于企业提高规模效益。

误区二：将市场细分等同于渠道全覆盖。企业要真正做到资源的优化配置，需要对市场进行立体式、多维度的细分，去发掘更多有价值的客户。简单的渠道全覆盖是不可取的，这样会增加企业的人力和营销成本。

误区三：盲目追求细分。随着以客户为导向时代的来临，加强市场细分是大势所趋。但是，一味地追求市场细分，企图从各个方面对市场进行细分，进而去选择有效的目标市场。这样不考虑细分质量和效果是不可取的，要舍弃无价值的市场细分。

误区四：为了细分而细分。市场细分的目的是给目标市场提供个性化和差异化的产品或服务，是为企业发展服务的。如果只是追求市场细分，企业市场营销策略跟不上，那市场细分只能停留在市场细分阶段，不能为公司创造更高的客户价值。

第三，行业市场分析。行业市场是公司要进入的市场，创业者需要分析企业要进入行业市场的全貌以及关键影响因素。行业市场分析需要从该行业现状、行业发展趋势、行业影响因素、行业市场上的所有经济主体概况等方面展开。同时，在进行行业分析时，应该对行业的基本特点、竞争状况以及未来趋势有准确的把握和描述。只有在对行业进行全面了解的基础上，才能把握行业规律，认清行业发展方向，确立切合实际的企业目标。

第四，竞争对手分析。对于创业者来说，竞争对手往往是这样一类公司，为目标市场提供相同或相似的产品或服务，并且在配置和使用市场资源过程中存在一定的竞争性。市场错综复杂，如何打败竞争对手，是创业者必须面对和要思考的问题。当今社会是一个信息化的社会，获取处理信息的能力在一定程度上决定了企业竞争力的大小。因此，信息搜集是了解和分析竞争对手的前提，公司的信息库、传统媒体、互联网、商业数据库、咨询机构、服务机构、人际关系网络等，都是搜集竞争对手信息的有效途径。当创业者对竞争对手的基本情况、产品或服务情况、销售策略、技术含量及商业信誉有了全面了解之后，其创业计划书可能就会更有据可循，论述有力。

第五，产品（服务）介绍。产品介绍主要介绍公司所提供的产品或服务的类型，以及这些产品或服务的价值情况。主要包括：产品名称、性质、市场竞争力、产品的研发过程、品牌、专利、市场前景等。关于产品的性质，指产品的独特之处，所以能够体现产品的优势和竞争力。一般情况下，产品性质在一定程度上体现了公司的创新实力，好的产品特性能够给企业带来市场竞争力。

（四）人员及组织结构说明

离开人力资源，组织就无法存在，因此，人员及组织结构说明是创业计划书中不可缺少的一部分。这部分主要阐述两个方面的内容，一是主要管理人员介绍，二是组织结构介绍。主要管理人员介绍一般包括董事会成员及主要营销人员。具体包括个人基本信息、工作履历、受教育程度、主要经历、道德素质和综合素质等情况，要着重描述关键人员的才能和职责，介绍其带领团队的情况。组织结构介绍主要包括公司架构及各部门分工情况，初创公司的组织架构较为简单，员工就是股东，撰写创业计划书时可以主要介绍董事长、董事会成员和其他股东的权利和义务等情况。

（五）市场预测

市场预测一般是针对开发新产品或者新服务而言的，若预测的结果很乐观，就容易引起投资者的兴趣，增加投资成功率，若预测结果不容乐观，就很可能影响投资者的兴趣和信心，使投资成功率大打折扣。在撰写市场预测部分前，需要对需求进行预测，消费者是否需要这项产品或服务？需求的意愿有多大，以及能够从中获利多少等问题，需要进行预测。其次，就是对竞争对手进行预测。同类产品或服务及相似产品或服务的竞争者有哪些？行业的竞争格局如何？本公司在行业中所处位置以及优势有哪些？这些优势能够为本公司带来多少利润等。

基于上述内容，创业计划书在市场预测部分需要呈现以下内容：需求现状阐述，市场现状综述，包括市场竞争、公司所提供的产品的地位、目标市场情况等。

（六）营销策略叙述

营销策略在一定程度上反映公司进入市场的能力，能够给投资者带来一定的参考内容。为此，这一部分内容需要创业者好好琢磨，在价格和销售渠道方面进行深入的思考。具体包括以下内容：

第一，产品或服务及其价格的整体规划。要展示出产品或服务的目标客户以及给目标客户带来的价值。同时，需要制订合理的价格，用足够的说明来论证所制定价格的合理性。对于创业者来说，还要制订一个合理的价格控制方案，以免在出现突发情况时尽快调整价格，也让投资者明晰自己的价格控制能力。

第二，分销渠道。分销渠道是另辟蹊径还是与他人合作？是多渠道销售还是直销形式？创业者要做好销售设计方案，包括具体的销售策略、销售中可能遇到的难题及化解方式、销售队伍建设及管理及不同阶段的销售目标和方向。

第三，宣传方式。宣传方式是将公司推向大众视野的有效方式，初创公司一般采取促销的方式打开市场，如折扣、刮奖、广告、展示会等，无论选择哪种宣传方式，都需在计划书中明确。

（七）生产计划说明

生产计划说明的目的是使投资者了解公司的成本规模和公司产品在市场中的受欢迎程度，创业者应该熟悉业务流程，要在生产计划部分写明公司的基本运营周期和间隔时间，要将季节性生产任务和生产中会遇到的问题及解决方案阐述清楚。具体而言，生产计划部分一般包括以下内容：厂房的基本情况，如地址、基础设施和基本配置情况；产品制造和技术设备现状；生产流程及关键环节介绍；新产品投产计划；生产经营成本分析；质量控制和改进计划及能力等。

（八）财务规划描述

一份好的财务计划可以降低公司经营风险，提升公司获取资金的可行性，为整个创业计划书提供有力支撑。财务规划一般包含以下内容：

第一，历史经营状况数据。这一数据一般针对的是已经有一定经营年限的公司，初创公司一般不涉及。这部分应该提供近三年的现金流量表、资产负债表和损益表。现金流量表反映公司资金大致流向和使用情况，无论是在创业初期还是公司扩展时期，都需要对现金流有预先的计划和使用过程中的控制；损益表是公司盈利状况的呈现，反映了公司在一段时间内的经营结果；资产负债表可以成为投资者衡量公司经营性状况及投资回报率的依据。

第二，未来财务规划。这部分内容建立在企业计划书中的生产计划和经营计划基础之上，前面论述的所有内容都将成为这部分内容的依据。创业者需要阐述未来三至五年内公司的生产运营费用及收入情况，将具体财务情况以报表的形式予以呈现。

（九）风险分析

创业本身就带有一定的风险性，为此，创业者需要事先预料到可能产生的风险，并详细阐述可能发生的风险的具体情况，并在此基础之上建立相应的应急预案及防范预案。风险分析不仅能减轻投资者的疑虑，让他们对公司有一个全方位的了解，更能体现创业团队的洞察力和解决问题的能力。

（十）附录

附录部分主要是罗列前文内容的支撑材料，文件、附图、附表、调查问卷等。还有一些其他材料，如业主或者总经理简历、市场调研数据、有关公开信息、有关专利商标版权的复印件、有关本公司发展的相关法律文件、有关客户供应商参考资料复印件等，也可罗列。

二、创业计划书的编写步骤

准备创业方案是一个展望项目的未来前景、细致探索其中的合理思路、确认实施项目所需的各种必要资源、再寻求所需支持的过程。需要注意的是，并非任何创业方案都要完全包括上述大纲中的全部内容，创业内容不同，相互之间差异也就越大。

第一阶段：经验学习。

第二阶段：创业构思。

第三阶段：市场调研。

第四阶段：方案起草。

第五阶段：最后修饰阶段。

首先，根据你的报告，把最主要的东西做成一个1~2页的摘要，放在前面。其次，检查一下，千万不要有错别字，否则别人会对你是否做事严谨产生怀疑态度。最后，设计一个漂亮的封面，编写目录与页码，然后打印、装订成册。

第六阶段：全面检查。

可以从以下几个方面加以检查：

一是创业计划书是否显示出具有管理公司的经验。

二是创业计划书是否显示出有能力偿还借款。

三是创业计划书是否显示出已进行过完整的市场分析。

四是创业计划书是否容易被投资者所领会，创业计划书应该具备索引和目录，以便投资者较容易地查阅各个章节，还应保证目录中信息流是有逻辑的和真实性的。

五是创业计划书是否有计划摘要并放在了最前面，计划摘要相当于公司创业书的封面，投资者首先会看到它，为了保持投资者的兴趣，计划摘要应写得引人入胜。

六是创业计划书是否在法文上全部正确。

七是创业计划书能否打消投资者对产品（服务的）疑虑。如有需要，可以准备一件产品模型。

三、创业计划书模板展示

目录

第一章　项目分析

1.1　创业机会选择的原因 ……………………………… 2

1.2　项目的分析 ………………………………………… 2

1.3　项目前景分析 ……………………………………… 2

第二章　项目可操作性分析

2.1　目标市场 …………………………………………… 3

2.2　项目简介 …………………………………………… 3

2.3　服务简介 …………………………………………… 3

第三章　市场分析

3.1　市场分析 …………………………………………… 5

3.2　市场预测 …………………………………………… 6

3.3　竞争分析 …………………………………………… 6

第四章　发展战略

4.1　营销策略 …………………………………………… 6

4.2　管理策略 …………………………………………… 7

4.3　财务分析 …………………………………………… 7

4.4　风险分析和管理 …………………………………… 7

第五章　创业团队

5.1　公司文化 …………………………………………… 8

5.2　团队建设 …………………………………………… 8

第六章　附录 ……………………………………………… 9

【拓展阅读】

"90 后""00 后"的大学校园处处是商机。

如今的大学校园里大部分都是"90 后""00 后"学生，这一代人给人的印象往往喜欢张扬个性、追求刺激、自尊心强，但是也正因为这些"90 后""00 后"特性的存在使校园里充满了商机，从而给创业者提供了很好的创业机会。某经贸大学存在这样一番景象："同学们都来看一下啊，都是我自己从南三条市场批发来的，3 块钱一个，5 块钱两个。"某经贸大学大三学生小刘在学校塑胶操场叫卖。小刘利用课余时间从南三条市场批发了 500 块钱的钥匙链，每晚都会在塑胶操场售卖，一天会有二三十块钱的收入。学校有个奶茶店，名叫"韶华七号"，是三个大四学生每人出资 5 万元开起来的，不仅可以享受另一种生活方式更是一次难得的创业机会。而艺术学院学生小赵则将自己的创业时间选在了每个节庆假期，他会在圣诞节前几天在校园马路边卖苹果，在情人节当晚从花卉市场批发玫瑰到学校来卖，大受学生欢迎。学校内的创业园里更是熙熙攘攘，俨然是条商业街。

【本章小结】

本章节通过系统阐释创业模式的含义、分类，创业模式与商业模式之间的关系，创业计划书的基本结构及撰写要点，旨在让读者学会通过系统分析创业模式与商业模式的内在逻辑联系，整合运用各类资源，撰写出一份内容翔实、框架完善的创业计划书，以赢得投资者的认可，从而抓住创业机遇。

【思考与实践】

（1）创业模式的含义及分类有哪些？

（2）创业计划、创业计划书的内容及要点有哪些？

（3）大学生创业者应如何使创业计划书更具吸引力？

第六章 西南地区企业的创建与经营

名人名言

所谓企业管理就是解决一连串关系密切的问题，必须有系统地予以解决，否则将会造成损失。

——普赛尔

【教学目标】

通过对新企业注册、创建所需资料的了解，进一步掌握新办企业的管理与经营策略，风险控制以及涉及的相关法律与伦理问题。

【教学要点】

1. 了解企业的组织形式及各自的优劣势。
2. 掌握新企业成立和管理的流程与方法。

【案例导入】

十年磨一剑：泡泡玛特创始人王宁的创业故事

泡泡玛特创始人王宁，大学毕业不久后就创办了泡泡玛特，仅用了十年的时间就把它打造成了中国潮玩文化的代表。

2008 年，还在上大学的王宁和他的伙伴盯上了一种叫"格子店"的新业态。格子店将普通店铺分割成多个小格子，按格出租，主营创意类小商品。他们在大学周边开起了第一间格子店，受到了年轻人的喜爱。但好景不长，由于格子店这类经营模式门槛低、可模仿性高、可复制性强，不久后王宁的格子店周边就开满了其他格子店。王宁和他的伙伴很快就意识到，格子店虽然商品品类丰富，但分组模式使其商品质量参差不齐、难以把控，商品风格千差万别，而且可复制性强导致其一直被模仿。

王宁和他的团队去很多城市考察过后，在中国香港发现了一家名为 Log On 的公司。这个公司将潮流商品像超市一样陈列和销售，在中国香港开了很多家店，做得都很成功。看到这种模式，王宁直呼："这就是我想要的。"于是，他在北京创办了"泡泡玛特"，并投入了他创业所积累的全部资金。

但此时的泡泡玛特还不是现在我们所熟知的泡泡玛特，2011年底，泡泡玛特开始考虑转型。在多次碰壁后，线下零售门店销量下滑、毛利下降，整体经营环境开始走下坡路。就在王宁迷茫的时候，一款叫Sonny Angel的玩具娃娃帮他打开了另一扇窗。这款玩具娃娃是一个8厘米高的手办，有很多种款式，本来它只是泡泡玛特经营的一个很普通的品类，但在2015年下半年迅速爆红。看到IP形象所带来的效益后，王宁将泡泡玛特从一个单纯的零售公司转型为集艺术家经济、IP孵化、零售、潮流文化等为一体的全产业链平台型企业。从第一个IP—Molly开始，泡泡玛特逐渐形成了一套属于自己的体系，从主推Molly到Pucky再到DIMOO、YUKI、BOBO&COCO等，泡泡玛特的IP逐渐形成了属于自己的体系。2020年12月11日，泡泡玛特在中国香港证券交易所上市，也彻底带火了"盲盒经济"。

【案例思考】

该案例中泡泡玛特是如何转变经营方式，实现企业的价值增值的，在这个过程中，"盲盒经济"为企业的经营做出了哪些贡献？

【案例点评】

泡泡玛特围绕艺术家挖掘、IP孵化运营、消费者触达以及潮玩文化推广与培育四个领域，构建了覆盖潮流玩具全产业链的综合运营平台，营收从2014年的1.58亿元增加至2020年的25.1亿元。泡泡玛特凭借"盲盒经济"这张入场券在潮玩领域站稳了脚跟。虽然潮流玩具并不是一个新兴产业，但通过创新商业模式，将IP设计、供应链与销售整合起来，泡泡玛特成功开拓新的蓝海图景。笔者以此为例，探讨盲盒经济的发展与创新，旨在为其他相关企业提供实践发展借鉴。

第一节　企业的创建

一、企业组织形式的选择

企业有多种组织形式，选择以何种组织形式创建企业由很多因素决定，不同的组织形式也会带来不一样的企业形态、责任承担方式、利益分配方式等。为此，在创立企业之前需要弄清楚企业的组织形式，并选择符合自身需求的组织形式创立企业。席佳颖在《创新创业实务》一书中对企业类型及选择做了较为全面

的阐述。❶

（一）个人独资企业

根据《中华人民共和国个人独资企业法》规定，个人独资企业是指由一个自然人投资，财产为投资人个人所有，投资人以其个人财产对企业债务承担无限责任的经营实体。

1. 个人独资企业的概念及特点

独资企业是指一人投资创办经营的企业，企业负责人是投资者本人，对企业债务承担无限责任。其特点在于企业建立程序与解散程序简单、经营管理灵活自由、企业规模有限、企业的存在具有不稳定性。

2. 个人独资企业设立的条件

第一，设立个人独资企业的投资人必须为一个自然人；第二，要有合法的企业名称；第三，有投资人申报的出资；第四，有固定的生产经营场所和必要的生产经营条件；第五，有必要的从业人员。

3. 个人独资企业设立的程序

申请设立个人独资企业，应当由投资人或其委托的代理人向个人独资企业所在地的登记机关提交设立申请书、投资人身份证明、生产经营场所使用证明等文件。委托代理人申请登记时，需要出具投资人的委托书和代理人的合法证明。其中，申请书应当载明以下事项：①企业的名称和住所；②投资人的姓名和居所；③投资人的出资额和出资方式；④经营范围。

登记机关在收到申请文件之日起15个工作日内，对符合条件的申请予以登记，并颁发营业执照，营业执照的签发日期为个人独资企业成立日期。

4. 个人独资企业的优势

个人独资企业存在如下优势：

第一，企业资产所有权、控制权、经营权、收益权高度统一，有利于企业主发扬自身创业积极性和创业精神。

第二，企业主自负盈亏，对企业债务负无限责任，强有力地约束了企业主，倒逼企业主竭尽全力经营好企业。

第三，法律法规对企业的经营管理、决策、进入与退出、创立与破产的制约较小，对于创业者来说门槛较低。

第四，企业的设立、转让和解散等手续简单，仅需要向登记机关登记即可。

第五，企业主独自经营，制约因素少，灵活性强，能迅速应对市场变化。

第六，利润归企业主所有，无须与他人共享，且在技术和经营方面易于保密。

❶ 席佳颖.创新创业实务［M］.北京：机械工业出版社，2019：124-132.

5. 个人独资企业的劣势

个人独资企业存在以下不足：

第一，当个人独资企业不足以清偿债务时，企业承担无限责任，投资人以其个人的其他财产予以清偿，因此，个人独资企业具有较大的风险。

第二，个人独资企业不易从外部获得信用资金，如果企业主资本有限，企业难以扩大经营规模。

第三，当企业所有者生病或失去工作能力，或决定退休，此时若没有家庭成员、亲朋好友愿意并且有能力经营企业，这个企业就将终结。

第四，劳资双方利益目标不同，企业内部组织效率可能低下。

因此，创业者如果想获取巨大的利润，实现更大的财务成功，那个人独资企业的组织形式显然不太适合。

（二）合伙企业

根据《中华人民共和国合伙企业法》规定，合伙企业是指由合伙人订立合伙协议，共同出资、合伙经营、共享收益、共担风险，并对合伙企业债务承担无限连带责任的营利性组织。

1. 合伙企业的特征

第一，合伙企业由合伙人组成，一个合伙企业由两个以上的合伙人组成。第二，合伙企业要以书面合同协议作为法律基础。第三，合伙企业内部关系属于合伙关系，合伙人之间要共同出资、合伙经营、共享收益、共担风险。第四，合伙人对合伙企业的债务承担无限连带责任。

2. 合伙企业的设立条件

要创立一个合伙企业，需具备以下条件：

（1）有两个以上合伙人。合伙企业的成立必须有两个以上合伙人，并且都要依法承担无限连带责任，都要有完全民事行为能力。

（2）有书面合同协议。合伙协议由全体合伙人通过协商签订，共同决定相互之间的权利和义务，达成具有法律约束力的文件。

（3）各合伙人实际缴付的出资。合同协议生效后，合伙人应当按照合伙协议约定的出资方式、数额和期限履行出资义务。

（4）合伙企业名称。合伙企业名称中不得使用"有限"或"有限责任"字样。

（5）有经营场所和从事合伙经营的其他必要条件。

3. 合伙企业的设立程序

申请设立合伙企业，必须向企业登记机关提交以下材料：

（1）全体合伙人签署的设立登记申请书。

（2）全体合伙人的身份证明。

（3）全体合伙人指定的代表或者共同委托代理人的委托书。

（4）合伙人的书面委托协议。

（5）出资权属证明。

（6）经营场所证明。

（7）国务院工商行政部门规定提交的其他有关批准文件。

（8）法律、行政法规规定设立合伙企业须报经有关部门审批的，应当在申请设立登记时提交批准文件。

合伙企业的成立时间以营业执照签发的日期为准，合伙企业领取营业执照之前，合伙人不得以合伙企业名义从事经营活动。

4．合伙企业的优势

合伙企业具有以下优势：

（1）成立合伙制企业比较容易且费用较低。由于出资的增加，扩大资本来源和企业融资能力。

（2）合伙企业具有高度灵活性。合伙人具有不同的专业技能和经验，能够发挥团队各成员的优势，同时，团队成员之间也存在优势互补的情况，这样能使团队实现事半功倍的效果。企业合伙人可以根据他们认同的任何方式决定其利润和责任划分。

（3）由于资本实力和管理能力的提高，企业的规模可以扩大。

5．合伙企业的劣势

（1）若合伙人中的其中一名成员有意向合伙人以外的人员转让其在合伙企业中的全部或部分财产份额时，必须征得其他合伙人的一致同意。

（2）当合伙企业以其财产清偿合伙企业债务时，其不足部分，由各合伙人用个人财产承担无限连带责任。

（3）合伙企业的融资能力依然有限。

（三）有限责任公司

根据《中华人民共和国公司法》规定，有限责任公司是指由 50 人以下的股东共同出资，每个股东以其所认缴的出资额为限对公司承担责任，公司以其全部资产对其债务承担责任的企业法人。

有限责任公司有以下特征：第一，股东责任的有限性。有限责任公司的股东对公司所负的责任，仅以认缴的出资额为限，对公司的债务不负直接责任。如果公司的财产不足以清偿全部债务，股东不需要以超过自己出资以外的个人财产为公司清偿债务。第二，股东人数有限。有限责任公司的股东人数为 50 人以下。第三，有限责任公司是企业法人。个体工商户不是企业，不具备法人资格；个人独资企业和合伙企业虽然属于企业，但也不具备法人资格，不是企业法人。而有限责任公司具备企业法人资格。

1. 有限责任公司的设立条件

要创立一个有限责任公司，需具备以下条件：

（1）股东符合法定人数。合伙企业需由 50 人以下股东共同出资设立，股东可以是自然人，也可以是法人。其中，一个自然人或法人也可以设立一个有限责任公司。

（2）有符合公司章程规定的全体股东认缴的出资额。有限责任公司的注册资本为在公司登记机关登记的全体股东认缴的出资额。股东的出资方式可以是货币、实物、工业产权、非专利技术、土地使用权。股东对以实物、工业产权、非专利技术或者土地使用权出资的，必须进行评估作价，核实财产，不得高估或者低估作价。

若有限责任公司成立后发现作为出资的实物、工业产权、非专利技术、土地使用权的实际价额明显低于公司章程所定价额的，应当由交付该出资的股东补交其差额，公司设立时的其他股东对其承担连带责任。

（3）股东共同制定公司章程。有限责任公司章程由股东共同制定，所有股东需在章程上签名、盖章。章程应该载明以下事项：公司的名称和住所；公司经营范围；公司注册资本；股东的姓名或者名称；股东的权利和义务；股东的出资方式和出资额；股东转让出资的条件；公司的机构及其产生办法、职权、议事规则；公司的法定代表人；公司的解散事由与清算办法；股东认为需要规定的其他事项。

（4）公司名称。有限责任公司在设定自己的名称时，必须在公司名称中标明"有限责任公司"或者"有限公司"字样。

（5）公司住所、固定的生产经营场所和必要的生产经营条件。

2. 一人有限责任公司的特别规定

（1）一人有限责任公司是指只有一个自然人股东或者一个法人股东的有限责任公司。一人有限责任公司应当在公司登记中注明自然人独资或者法人独资，并在公司营业执照中载明。一人有限责任公司不设股东会。

（2）取消一人有限责任公司的注册资本最低限额为人民币 10 万元的规定。

（3）一个自然人只能投资设立一个一人有限责任公司。除此之外，不能重复设立新的一人有限责任公司。

（4）一人有限责任公司的股东不能证明公司财产独立于股东自己的财产的，应当对公司债务承担连带责任。

3. 有限责任公司的优势

有限责任公司有以下优势：

（1）风险较小。有限责任公司的股东只是以其出资额对公司承担有限责任，与个人的其他个人财产无关。所以，即使公司破产，股东也无须以个人财产清偿公司债务。

（2）企业永续存在。有限责任公司具有独立的存续时间，除非因破产或注销，不会因个别股东的意外而消失。

（3）经营管理规范。与个人独资企业和合伙企业相比，公司的所有权与经营权分离，有限责任公司可以聘任经理人员管理公司，以便于更好地适应市场竞争。

（4）企业信用较高。有限责任公司拥有独立的一定数额的注册资本，其信誉和地位比个人独资企业、合伙企业要高。

4. 有限责任公司的劣势

有限责任公司有以下劣势：

（1）设立程序比较复杂。有限责任公司在设立时需要提供比较详细的资料，要有公司章程。

（2）创办经费较高。

（3）政府对公司的限制较多，法律法规的要求比较严格。

（四）股份有限公司

股份有限公司以其全部资本为等额股份，股东以其所持股份为限对公司承担责任，股东以其全部资产对公司承担责任。

1. 股份有限公司的设立条件

（1）发起人符合法定人数。设立股份有限公司的发起人应当有 2-200 人，其中须有过半数的发起人在中国境内有住所。

（2）发起人自主约定认缴出资额。股份有限公司的注册资本为在公司登记机关登记的认缴股本总额。发起人的出资方式可以是货币，也可以是实物、工业产权、非专利技术、土地使用权作价出资。首先需要对这些资产进行评估作价，既不能过高也不能过低估价。

（3）股份发起、筹办事项要符合法律规定。

（4）发起人制定《公司章程》。

（5）有公司名称，建立符合公司要求的组织机构。

（6）有固定的生产经营场所和必要的生产经营条件。

2. 股份有限公司的设立方式

设立股份有限公司，发起人承担公司的筹办事务。发起人应当签订《发起人协议》，明确各自在公司设立过程中的权利和义务。

（1）发起设立。发起设立是指由发起人认缴公司应发行的全部股份设立的公司。如果股份有限公司采取发起设立，注册资本应是在公司登记机关登记的全体发起人认缴的股本总额。在发起人认购的股份缴足前，不得向他人募集股份。

（2）募集设立。募集设立是指由发起人认购公司应发行股份的一部分，其余股份向社会公开募集或者向特定对象募集而设立公司。设立股份有限公司，董事会应当于创立大会结束后 3 日内向公司登记机关申请设立登记。

3. 股份有限公司的优点

股份有限公司有如下优点：

（1）可迅速集聚大量资本。股份有限公司是筹集大规模资金的有效组织形式，可以广泛聚集社会大量的闲散资金，一方面可以为公众提供便捷的投资渠道，另一方面，也可以给企业融资带来很多便利。

（2）有利于分散投资者的风险。股份有限公司以其所持有的股份对公司承担责任，与个人的其他财产无关。因此，投资者可以投资多个公司来分散风险。

（3）有利于接受社会监督。股份有限公司可以将资本产权社会化和公众化，为了确保股东的权益，需要将公司的经营情况向社会公开，定期披露公司的经营信息，因此，有利于接受社会监督。

4. 股份有限公司的缺点

股份有限公司有下列缺点：

（1）公司开业和停业的法定程序严格、复杂。

（2）公司的抗风险能力差，多数股东缺乏责任感。

（3）公司的所有权与控制权分离程度较高，经理人员往往不是股东。同时，大股东拥有较多股权，不利于小股东的利益。

（4）公司财务和经营须向社会公众公开，公司的商业秘密容易暴露。

（5）组织形式选择策略。

创业者在创立企业之时，要根据自身具体情况选择企业组织形式。企业法律组织形式的选择有赖于创业者的目标以及拥有资源的情况。创业者在创立企业时需思考如下问题：

第一，创业者有多少人？

第二，承担有限责任对创业者来说重要吗？如果创业者自身有太多个人财产，那么这一问题对创业者来说就显得比较重要。

第三，所有权的可转让性对创业者来说是否重要。

第四，企业是否需要支付股利？这些股利支付双重税收对创业者而言有多重要？

第五，如若创业者离开企业，是否会担心企业能否继续运营？

第六，保持企业较低的创办成本对创业者来说有多重要？

第七，未来，筹集企业追加资金的能力有多大，对创业者有多大影响？

创业者在选择企业组织形式时，需要对以上问题进行深入系统的思考，要去选择那些符合自己目标和要求的企业法律形式，即使不能完全满足，也应尽可能选择接近自己目标和要求的企业法律形式。

二、企业注册流程及所需文件

吴晓义在《创业基础：理论、案例与实训》一书中，就企业注册流程及所需要提供的文件进行了详细描述。❶

（一）预先核准企业名称

企业申请人提供法人和股东的身份证复印件；申办人提供公司名称 2~10 个，写明经营范围，出资比例（60 字以内）；由各行政区工商局统一提交到市工商行政管理局查名，由市工商行政管理局进行综合审定和注册核准，并向合格者发放盖有市工商行政管理局名称登记专用章的"企业名称预先核准通知书"。

（二）提供证件材料

新注册公司申办人提供一个法人代表和全体股东的身份证各一份，相关行政机关如有新规定，由相关部门和申办人按照国家规定相互配合完成。

（三）前置审批

若企业经营范围内有特种许可经营项目，需要进行前置审批。特种许可项目办理，需报相关部门报审盖章。特种项目还涉及卫生、消防、治安、环保、科委等有关部门。

（四）验资

按照《公司法》规定，企业投资者需按照各自的出资比例，提供相关注册资金的证明材料，审计部门进行审计并开具"验资报告"。

（五）申领营业执照

工商行政管理部门对企业申请人提供的材料进行审核，确定是否符合企业登记申请，通过工商局的审定后，方可发放工商企业营业执照，并向社会公告企业成立。

（六）备案刻章

企业申请人在办理企业工商登记注册的过程中，会使用图章，企业申请人需要通过公安部门刻章，如企业公章、财务章、法人章、全体股东章及公司名称章等。

（七）办理组织机构代码

公司必须申办组织机构代码证。需要企业提出申请，由中华人民共和国国家质

---

❶ 吴晓义. 创业基础：理论、案例与实训 [M]. 北京：中国人民大学出版社，2013：220-222.

量监督检查检疫总局签章。

（八）办理税务登记

企业申请人需携带以下材料到税务机关办理税务登记：营业执照副本及复印件、组织机构代码证书及复印件、法人代表或业主财务负责人身份证明、经营场所租房协议复印件、所租房屋的房产证复印件、固定电话及通信地址等。

（九）开设企业基本账户

基本账户是存款人办理日常转账结算和现金收付而开立的银行结算账户。企业开立账户的名称应与营业执照上面的企业名称一致，可在企业所属地任意一家具有对公业务的银行金融网点办理。

（十）进行社会保险登记

县级以上劳动保障行政部门的社会保险经办机构主管社会保险登记。缴费单位申请办理社会保险登记时，应填报"社会保险登记表"，并出示下列材料：

（1）不同类型的组织需持不同的证件材料：企业法人营业执照（副本）或事业单位法人证书（副本）或社会团体法人登记证（副本）。

（2）国家单位持单位行政介绍信。

（3）国家质量技术监督部门颁发的组织结构统一代码证书。

（4）其他核准执业的证件。

（十一）进行商标注册

商标注册是指商标使用人将其使用的商标依照法律规定的条件和程序，向国家商标主管机关提出注册申请，经国家商标主管机关依法审查，准予注册登记的法律事实。商标通常由文字、图形、英文、数字组合而成，商标注册的一般程序是：商标查询（2天内）、申请文件准备（3天内）、提交申请（2天内）、缴纳商标注册费用、商标形式审查（1个月）、下发商标受理通知书、商标实质审查（12个月）、商标公告（3个月）、颁发商标证书。

三、创业选址

创业者在成立企业时，需要考虑公司选址，公司选址是否妥当，将直接影响企业发展。不同类型的企业，对公司选址的要求也不尽相同。因此，创业者需要掌握创业选址的一般原则和技巧。晏妮在《大学生就业与创业指导》一书中，就创业选址做了较为全面的描述。❶

（一）创业选址原则

1. 考虑客流量

商铺选址一定要考虑客流量、交通状况和周围居民、单位等情况。凡是涉及销

---

❶　晏妮. 大学生就业与创业指导［M］. 武汉：武汉大学出版社，2016：223-228.

售类企业，创业者必须清楚这一地带的客流量如何，这将直接影响收入多少。像早餐店要尽量开在上班族会路过的地方，录像带出租店则要开在回家的路上。创业者可以花一些时间考察目标地区的人当中，上班族、学生、家庭主妇的比例，在平时和周末各算一次。

当然，如果企业类型属于是你产业链上游，那就应该更多考虑原材料产地，降低运输成本。如，钢材加工厂、白糖加工厂等加工型企业，最好将企业设在原材料供应地区附近。如果是高新技术产业，就应该设在繁华都市区，离高校、产业园等较近的地区。

2. 调研周围环境

有了预选地点，接下来就要对周围环境进行全方位的了解。需要从两个方面进行观察，一方面是商人的角度，即什么迹象显示该地点可以创造业绩；另一方面是顾客的角度，顾客会不会在此地逛街。切忌看到别人成功，创业者追随别人的步伐也在此地选址，复制一家同样的店铺，除非足够证明差异特征。

同时，要关注处在不远处竞争对手的情况，是否会抢走生意，随时关注对手的位置，寻找足以抗衡的地点，保持领先位置。

3. 选择好"邻居"

顾客认为，相邻的店面，其商品质量也相当类似，所以，与类似的品牌坐落在同一地点十分重要，因为有些选址策略就是要"寄生"。在大百货公司旁开服饰店、在高级超市旁开生机饮食店，被大品牌吸引顾客，也会被你的小店吸引。

4. 选址要有前瞻性

并不是所有的好地点都一定赚钱，有时遇到时政规划变动，热闹的地段也有可能变成冷清之地，而许多正在开发中的地段却有着极大的投资空间。因此，创业者在选址时眼光要放长远一些，多去了解该地区未来发展的情况。

（二）创业选址技巧

1. 跟随竞争者

跟随竞争者就是在竞争者店址附近一定区域内选址。

第一，确定跟随对象。确定好大致选址区域之后，首先考察该区域的竞争者，确定哪些竞争者与创业者在选址方面比较相近并且已经成功了。跟随的竞争者可以是多家，因为任何一位竞争者的选址考虑因素都是有限的，不可能覆盖到所有商圈。

第二，确定创业地址。以竞争者店址为中心，向四周扩散区域选址，但扩散的程度自己要控制好，不能无限扩散，应根据客流量等进行合理扩散。

第三，选址原则是必须有足够的市场容量。在拟定想要进入该区域之前，首先要进行广泛的市场调查，如地区的市场容量、区域内的竞争者，从中选择与自身在选址方面相近且成功的案例。

2. 跟随业态互补者

某些业态在经营或服务内容上是互补的，创业者可以尝试把店铺开在这类店铺的周边，为顾客带来完整的"一条龙"服务。例如，在旅游景点旁边，创业者可以开餐饮店、照相馆、照片冲洗店、便利店、手机充电服务、纪念品零售店等。

3. 搭车式选址

创业者如果有很强的交际能力，而且有广泛的人脉圈，可以与业务有密切联系的企业结成战略合作伙伴关系，不仅选址成本小，店址还有保障。例如，国内某SPA品牌与某知名酒店合作，双方约定该连锁酒店每家都以较低的价格出租一定的面积用来开设SPA。这样，不仅给酒店客人带来便利，也给SPA企业带来极大便利。

4. 自己"扫街"

自己"扫街"，换言之，就是亲自或者派人进行实地考察，现场发现可用店址的机会。

第一，需要确定重点"扫街"区域。在进行"扫街"之前，要制定详细的方案和路线图，以免遗漏或者重复考察区域。

第二，就是要准备好考察工具。包括笔、纸、相机、房屋基本情况表等记录工具，手机，当地地图和自己制定的路线图。较大地区可使用机动车，小地点区域可以使用自行车。

第三，"扫街"人员现场考察。对于公开的店址租售信息，一旦发现要立即联系了解基本情况，并记录在《房屋基本情况表》，最好能现场看房或者约定好看房时间。如果该地符合基本条件，还要拍摄店内外的各种照片，以便其他人也能获得感性认识。对于非公开的符合选址标准的地址信息，应主动询问，最好询问一把手，切记要有礼貌，也不可太张扬。

第四，每天扫街结束后，一定要做好当天完整的记录和总结，尤其要好好整理《房屋基本情况表》，以便将来审核、评估店址。如果有几批人员每天"扫街"，则应在每天工作结束之后进行碰头会，交流信息。

第五，对所有的备选店址分别评估、谈判，直至最终签约。需要注意的是，好地段的选址可能会存在大量竞争者争抢，因此可以在看房的同时进行谈判，可以保证在第一时间得到好店址。

5. 找职业中介

房地产中介一般掌握着丰富的房产资源，但资源质量参差不齐，需要创业者擦亮眼睛进行甄选，以免上当受骗。

第一，尽可能多地查找并确定主攻商铺的中介。

第二，核实中介的实力与资质，确定准备合作的几家。正规公司除了经营合法之外，还会提供许多独特的服务，比如协助贷款，提供第三方担保、协助办理租售事宜，甚至还可能协助分析市场与商圈、规划装潢店面等。

第三，与选定的中介洽谈，详细阐释选址要求。如果选址要秘密进行，就应该与中介签订保密协定，以免选址信息被泄露。

第四，专人负责每天与中介沟通，跟踪选址信息和进度情况。

第五，评估并确定中介推荐的店址。

6. 发布广告

第一，确定发布媒介。一般而言，店址信息广告大都见于报纸、海报、互联网等。选择何种媒介关键看覆盖选址区域的覆盖面，要与目标受众频繁深度接触。因此，创业者在选择广告媒介时不能只看重价格，而要更多地关注性价比。

第二，编制寻租或者寻售广告文件。文件的形式、格式、措辞和设计既要考虑到保密性和其他特殊要求，还必须与媒介特质相匹配。

第三，时刻保持联系方式畅通，详细记录每个反馈信息。首次接到反馈信息，不要急于做出判断，综合各个方面的信息之后再做决定。

第四，整理广告反馈信息，分析并初步确定可能确定的对象，然后进行回访、最终确认，做出决定。

7. 利用供应商资源

门店的供应商包括：设备、商品供应商，人员、信息、资金、技术、装饰等服务供应商，这些供应商可能同时为很多竞争者提供商品或服务，掌握同类型店的很多店址，熟悉每个店址的经营状况，能帮助创业者做出更为准确的判断。首先，根据经营内容，选定能给创业者带来最有效选址信息的供应商。其次，选定供应商之后，要主动与供应商联系，获取信息。最后，根据供应商提供的信息，采取对应的选址方法。

8. 开发关系网络

可以发动亲朋好友、旧熟新识等关系确定选址信息。首先，需要简单整理选址信息，形成关于选址的详细文字材料。其次，将信息传递给这些关系网，确定一级关系网是否能够提供选址信息，如若不能，那是否可以传递给他们的关系网获取信息。最后，组织专人整理与分析选址信息的传递以及反馈信息。

9. 房产开发商合作

房产开发商对商业选址有深入的研究，同时也掌握大量的可选地址信息，因此，与房产开发商合作进行店铺地址的选择是一个非常不错的方式。

10. 搜寻免费地址源信息

当今社会是一个信息爆炸的社会，各类信息层出不穷，互联网的问世和发展为信息传递和共享提供了坚实的基础。因此，创业者可以充分利用发达的网络，通过网络资源去挖掘有价值的信息。网站、分析信息网站、地区性网站、各种拍那个论坛、微博、微信等网络平台都是不错的选择。除此之外，还可通过店外张贴、广告等获取有利信息。

第二节　新办企业的管理与经营

一、新办企业的定义及特征

1. 新办企业的定义

按照国家法律、法规以及有关规定在工商行政主管部门办理设立登记，新注册成立的企业；新办企业的权益性出资人（股东或其他权益投资方）实际出资中固定资产、无形资产等非货币性资产的累计出资额占新办企业注册资金的比例一般不得超过25%。

2. 新办企业的特征

关于新办企业的特征，学者仝新丛从企业内部管理的角度将其概括为以下5个方面：❶

（1）资金和各方面资源有限。如人力资源不足、资金短缺、社会资源有限等。企业成长的基础是获取资源，创业初期是主要依靠自有资金创造现金流的阶段，资金来源有限、以资金为支撑的社会资源也往往有限，资源约束较大。

（2）缺少核心竞争力，往往无法做出清晰而有效的市场决策，同时达不到规模优势，产品优势不明显，营收渠道少且不稳定，在此基础上难免业务开拓吃力。

（3）通常一人身兼多职，往往老板即管理者、管理层和决策层混淆、缺乏专业型高端人才等。创业者本人可能会参与每一个生产运营的细节。

（4）往往平衡不了对外开拓和对内管理的主次优先关系，内部管理较易陷入混乱，制约着外部开拓的效率。

（5）往往是机会导向，很难分出精力和财力来处理"生存问题"以外的问题，发展大部分凭机遇，而不是有计划、有组织、有明确定位地自行创造机会。

二、新办企业的管理和经营

在我国高度重视实体经济的新形势下，新办企业的数量越来越多，但由于新办企业普遍规模较小，且内部管理工作还不够完善，这也直接导致很多新办企业内部

---

❶　仝新丛. 初创企业内部管理体制研究［D］. 武汉：华中师范大学，2017.

控制工作缺乏针对性和系统性，出现了很多矛盾和问题，不仅对企业发展具有一定的影响，而且也不利于企业加强内部管理工作，需要引起新办企业的高度重视，特别是着眼于解决企业创办初期存在的各类矛盾、问题和不足，运用更加多元化的措施，以促进新办企业可持续发展能力为目标，最大限度提升企业管理经营工作的有效性。❶

（一）新办企业的发展战略

企业发展战略是对组织长远发展方向的谋略，在整个经济个体的发展中具有提纲挈领的作用。初创企业可以说是一个在上下夹击中艰难生存的组织群体。在市场经济高度发达的今天，市场上各类工商企业如过江之鲫，随着改革开放的深化，大型的国际性企业团体纷至沓来，再加上国内各大型国企、央企、财团等各类经济体百家争鸣，初创企业面临着千载难逢的发展机遇；同时，初创企业在市场经济中的位置可以说是较为艰难的，经济个体则如走马灯一样开立、倒闭便说明此问题。为此，如何有效规划新办企业的长远发展便十分重要。

1. 谋划企业整体发展

企业是由不同的部分相互连接形成的一个整体，各部分各自发展的同时又相互影响。各个局部都有自己的特性，而整体却不是各个局部特性的简单累加和集合。因此，企业发展过程中经历着许多全局性的问题，是任何一个局部都无法独立解决的。局部和整体的关系，不是一加一等于二的关系。有些整体性的问题可以通过各个不同的部分的各个击破来解决，而有些问题又必须通过整体层面，可能会大而化之地解决。

2. 谋划企业长期发展

企业也有它的寿命轨迹，生命可长可短。投资、经营者应追求"长寿企业"目标，想要让企业"长寿"，既要看重眼前的效益，更要有长远观念和大局观。同样，企业发展具有长期性，它也不是各个近期经营目标的简单累加之和。有雄心壮志的企业面临的长期问题会很多，比如发展方向、产品战略、市场追求、人才储备、技术革新等。想要基业长青就必须考虑这些问题，对以后的问题要现在想到并提前防范，对产品有准确的先见之明，提前应对，对问题要治"未病"。组织的设立要往后看，至少五年不过时，十年不淘汰。

3. 把握企业的发展性和整体性

二者是企业发展战略的基本性质，就像树根、树干、树枝和树叶的关系一样。树叶上的问题可以数不胜数，树枝上的问题不可避免，树干上可以略有瑕疵，只要树根是生命力旺盛的，那么其他问题都是可以解决的小问题。所以对于企业的领导

❶ 呼健. 新办企业内部控制构建的探索与思考［J］. 管理论坛，2019（8）：246.

人来说，更要花费心思到企业基本性的树根问题上。

（二）新办企业的内部组织结构

有效整合各方资源是一个新办企业内部的"逻辑"所在，而组织架构便是组织为了达成战略目标的资源配置的"逻辑"。内部组织结构既是人员的组织结构和形式，更是事务处理流程的模式和框架，是人、财、物有机结合，是对各项事务进行分工协调的动态结构体系，科学有效的组织结构体系能够将企业的宏图壮志落到实处。

1. 组织结构建设对新办企业的重要性

企业的绩效是否达成、是否有发展前景与组织结构的建设息息相关。很多生存下来，想要有所发展的企业总会死在自身的混乱管理上。企业的发展蹒跚前行的时候总会遇到很多组织问题：组织形式跟不上企业的发展，政令不行、职责缺失、交叉严重、多头管理、产销脱节、考核失灵等问题。如果新办企业的此类内部问题得不到解决，等不到对手的竞争，企业便从内部瓦解了。

2. 新办企业组织结构设计关键

管理者在进行组织结构设计时，以下几个因素很关键：岗位专门化、职能分类化、控制链、横向控制宽度、权力分配、正规化。

（1）专业人做专业事。管理界普遍认为，这样可以最有效地利用工人掌握的技术，让合适的人在合适的岗位上，尤其对于有些工作需要专业素养更强的员工来完成。

（2）部门化分工是提高组织工作效率的有效途径。通过专业化的分工对各项事务进行分类，在分类的基础上进行分组以贴条进行。

（3）组织结构命令链的优化。命令链，这个从组织最顶端到最末端的权利链条，是整个组织结构设计的指引。

（4）尽量拉大跨度，减少组织管理层级。在组织结构的金字塔中，一个主管最多可以有效地指导多少个横向的下级岗位，这个问题的重要性在于它很大程度上影响了组织结构的层级，和每个层级的管理职位配备。显然，跨度越亮，组织结构越扁平，组织越"轻便"、灵活。运用得好了，工作成效就越明显，管理成本也越低。

（5）合理运用集权与分权。集权与分权的问题，其实在历朝历代的政府管理中，已经得到了充分的实践和讨论。如果借鉴到一个组织，尤其是对新开办的组织来说，它的意义也是重大的。

（6）尽量构建成为一个规范化的有机整体。"规范"和"有秩序"是成功企业的内部管理给人的直观印象，而新开办的企业，很容易让人觉得管理混乱，行事没有章法，遇到突发状况容易手忙脚乱、人仰马翻。

（7）避免多头管理。坚持一个主管原则。工作可以交叉，但是不能无序。明确每个人的主管领导。否则的话上司指令无人执行，下属不知道该做什么，管理将会陷入混乱，效率将无从谈起。

3. 新办企业组织架构设计步骤

新办企业要想构建有战斗力的组织体系，需要解决好以下三个问题：

第一，要设计科学合理的横向及纵向的分工体系。最适合的才是最好的，这同样适用于组织的分工。一方面，要研究战略，系统地研究战略的实施需要哪些职能，最终梳理出适量的工作种类，要避免与达成战略目标毫无关系的职能和部门在组织中的存在，以避免冗余和低效率。另一方面，针对梳理出的职能进行横向分工，尽量将相似的职能划分在一起以便于协同工作，尽量将需要频繁协调配合的职能合并，牢牢结合于具体业务，以效率为目标，以充分挖掘产品优点，提升销售份额。

第二，构建企业的系统协同体系。分工体系是骨骼，系统协同是筋脉。组织分工的副作用是容易出现各自为政、相互掣肘的局面。因此，需要协同机制作为血液来黏合和沟通各个不同的企业不同分部。新办企业在组织架构建立之初就要考虑最大化发挥各个部门的合力。

第三，激励机制的建立。"以人为本"的企业口号，其实便是激励机制的一个体现。激励机制解决的是职工在制度、职责之外的情感问题，是组织体系建设中的核心问题之一。

（三）新办企业的企业文化管理

企业文化是企业在成长中逐渐形成的理念和观念，代表企业生存和发展的内在要求和发展方向。企业文化的特质是，如同人的性格一样，它有一定的先天基因、自企业成立之初便已萌芽、随着企业的成长逐渐发展壮大、形成气候，同时又作为一种有影响力的价值观念反过来指导企业经营实践。因此，一开始就树立正确、积极、向上的企业文化，无疑是新成立企业的重中之重。它是企业生存、竞争和发展的灵魂，具有独特性、继承性、相容性、人本性、整体性和创新性的特点。

1. 新办企业如何形成企业文化特质

对于一个处于初创期的企业而言，要建设属于自己的企业文化，既要在运营实践中进行摸索，又要对已形成的经验进行批判地继承，同时适当引入其他企业文化的优点。

（1）创始人的独特素质往往影响企业文化的形成。企业创始人应在初创期就对文化有所布局。它可以使团队目标更加一致，更加有凝聚力。对于创始人来说，自己本身独有的特质就能在企业增强竞争力方面提供很好的帮助，因此创始人先明晰自身的职业和性格定位，是定义本企业独有特色文化的前提。

（2）将企业文化的核心精神语言化。抓住企业文化的本质和核心内容，提炼成朗朗上口的语言，形成可以描述的文化精神。文化精神是一个群体区别于其他群体的文化特色，一个企业的整体精神风貌是乐观开朗、努力向上，是睿智沉稳、果敢冒险，还是贪大求多、跟风冒进，或者是消极保守、呆板被动，这些都是通过文化精神在群体内部相互传播，并通过企业形象展现给市场。

（3）企业文化的贯彻执行。精神文化的内容确定后，是需要实施落到实处的。企业领导人要把自身想要建立的文化挂在嘴上、体现在内部管理流程上、贯彻在日常运营的所有细枝末节上，当然，以身作则是最有力度的宣贯。文化不是讲过一次就可以扔掉的东西。必须在所有的公开和私下场合上，都不断向企业组织内外专输企业文化，要把企业文化潜移默化地传递当作自身工作来做。

（4）企业文化要鼓励创新。公司文化不能一成不变、故步自封。公司文化构建后，还要必须持续不断地发展和完善。企业在发展，会有很多机会促进文化的进一步发展，也会有可能阻碍文化的革新和完善，对本企业旧有的传统文化批判地继承，吸收先进文化的精华，创造性地继承。企业核心价值体系便在这一系列过程中逐步形成，反过来又支撑着企业凝聚力的提升，在此基础上进行核心流程优化、组织结构修正、业务板块拓展，最终成为企业发展的思想源泉。

（5）企业文化要与时俱进。纵观各国成功企业，其共同点在于企业成立之初重在积累，集合各方之力去不断地积累和完善；待企业成长后要做减法，及时矫正过正，摈除不合时宜的部分，即对于企业的历史传统，要审慎地分析、科学地评价、合理地扬弃，从众多的观点中提炼出精髓。同时在生存和发展历程中不断容纳、增添、学习借鉴先进文化，并将这些文化进行整体化、系统化和具体化的过程。这是企业文化形成和发展的基础，是一个积累与整合、去芜存菁的过程。

2. 以价值为核心的企业文化构建

一般的新办企业有其固有的特点，不那么合拍的管理团队、不明确的岗位分工、薄弱的资金力量和人脉资源、市场把握模糊、瞬息万变的外部环境……在这个时期。经过对国内外众多成功企业的企业文化和管理模式的研究发现，优秀的企业文化的共同特征一是执行力，二是高绩效。

（1）执行。执行力是现代管理学中的有效途径，时刻注意执行力的培养和践行，形成高执行力的工作氛围，对于初生的初创企业来说，在千军万马的独木桥上，基本上可以如履平地、斩风破浪前行。执行型文化的基本前提是在正确思想的引导下坚定不移地执行。构建执行型企业文化可以从以下方面着手：

一是要制定可实现的战略目标。战略目标要数字化、可度量化。最后战略安排要有轻重缓急，不能事无巨细，也不能偏居一隅。可执行战略是不做不能做的，非什么都不做，是偏向的能量投入，而不是平均观念。要集中有限的力量打造企业在市场中的优势，出奇制胜，以最小的成本实现企业积累的第一桶金。

二是要进行计划管理。"凡事预则立，不预则废"。计划管理对一个企业寿命全过程的影响可见一斑。

三是要有正确的反馈机制。最新的内外部环境变化要被决策者掌握，不可能实现的企业目标要能够被发现和改正，不科学的实现路径要能够被发现和制止，不合理的观念和规则要被发现和扬弃，这一切都需要企业建立正确的反馈机制。反馈机制是检查任务执行情况和目标是否正确的重要手段，从企业的实际情况出发，深入量度管理成本，尽量量化运营目的，实现与员工薪酬的关系，让员工工作有目标，企业奖罚有标准。

四是健全顺畅的沟通机制。理论上有明确的目标、健全的机制已经可以支撑执行型企业文化的形成，但实践中，各层次、各环节、各步骤之间纵横交错，还存在很多看不见、摸不到的缝隙和衔接处，这要求工作中要随时随地、不厌其烦地沟通。沟通的过程是取得思想共识的过程，同时也是确认、细化、明晰目标的过程，伴随其中的还有信息的传递、观念的碰撞、技术的创新和思想的凝聚。企业文化需要以沟通为载体，形成方向一致、具有合力的执行力。

（2）高绩效。如果说执行型企业文化偏重的是过程，那么高绩效型企业文化则偏重的是结果。二者并不冲突，执行力是高绩效的基础，高绩效是执行力的目的，既关注过程又关注结果，企业文化才能真正落地，企业的价值观念才能切实转化为企业组织成员的行为模式，并最终转化为经营成果。

第一，企业的所有活动无外乎经营与管理，经营的目标是追求高效益，管理的作用是保证经营目标的实现。是以，企业要把效率的竞争放在第一位，企业能否基业长青，关键要看各组成部分的效率，即公司平均绩效。企业平均绩效的高低决定了可持续发展程度，而企业的可持续发展又保障了员工的工作上升空间。

第二，企业的经营战略、组织架构、管理制度、工作流程则是文化落地的必须通道。高绩效要求经营战略可测量。企业中要重式预算工作，形成科学机制，大而化小、逐层分解。公司的考核在市场，员工的考核在指标。

第三，构建高绩效企业文化需要完整的绩效体系。在面向市场的商业模式上，以满足客户需求为目标，定位于为客户提供有价值的服务项目；在内部管理模式上，通过对业务流程的改革和优化，简化组织运作流程，以提高工作效率为目标。

第三节　新办企业的风险控制

为了完成新办企业的经营目标，就必须充分意识到风险控制的重要性和必要性，针对潜在的和显性的风险进行有效地识别、分析、预判、分类等，根据风险分类，采取行之有效的风险应对策略，以保证企业的健康发展。学者张占东从新办企业实施风险控制的重要性出发，系统剖析了新办企业在运营过程中经常面临的风险和问题，并根据各类风险的特点，采取行之有效的措施，为新办企业实施风险控制提供了经验借鉴。❶

一、风险控制的定义及其重要性
（一）风险控制的定义

风险无处不在，是挑战更是机遇。风险控制是指企业管理者采取各种措施和方法，减少或避免风险发生的可能性，或者在风险事件发生之后最大限度地减少风险所带来的损失。企业管理者在面对风险时，通常会采取风险回避、损失控制、风险转移、风险保留四种方法。基于新办企业面对的不同类型的风险，管理者会合理评估，选出使损失降至最低的一种风险控制方法。

（二）风险控制的重要性

（1）有利于保障新办企业的持续发展。新办企业的风险控制贯穿始终，对企业涉及的各项业务、各种工作进行全面分析，结合市场环境以及企业内部管理环境，有效理顺出面临的各种风险。对各种风险进行有效地识别、分类、汇总，并采取行之有效的措施，以杜绝危害企业健康发展的因素产生，使企业在运行发展过程中可以最大限度地降低各种风险所带来的损失，提高企业自身的盈利能力和抗风险能力，从而实现企业的持续健康发展。

（2）有利于提高新办企业的运营能力。新办企业在发展过程中极易受到宏观环境、经营环境等外部环境的影响，控制运营风险的能力相对较弱。新办企业由于自身规模较小，导致自身的资产结构不够合理，固定成本在销售收入中占据很大的比重，使新办企业在面对风险时，无法给予强大的资金支撑，极易导致破产。加强对新办企业面临风险的识别、分析以及应对，将很大程度上有助于新办企业降低发展过程中的运营风险，保证自身的平稳发展。

二、新办企业在发展过程中遇到的各类风险
（一）政策变化风险

根据现如今的国际国内环境来看，各企业必须面临的少不了来自国家以及各政府部门的相关政策变化，尤其对于一些抗风险能力较差的新办企业，经济政策虽然不会出现大的调整，但是国家的细微的宏观调控都会对市场产生巨大的影响。对于资金密集型的企业，货币政策的紧缩十分重要。

---

❶ 张占东.中小企业风险控制的应对策略［J］.中国中小企业，2020（9）：87-88.

企业发展，需要充分利用好政策资源优势，加强与政府及相关部门的沟通协调，争取一定宽松的市场环境和竞争优势，充分发展利用好国家发展政策，对不利于企业发展的各种政策性风险加以规避。

（二）市场营销风险

（1）调查分析。新企业的出现，将会推出全新的产品和服务，但是由于消费者普遍的惯性消费心理的作用，会心存疑虑和持观望态度，难以对产品有一种明确的定位，企业也会难以确定市场的接受能力；产品市场无时无刻不在变化发展，市场的接受时间和产品服务的扩散都具有一定的时滞性，产品的生命周期更新换代速度快，生命周期短，难以对市场进行宏观的把握，影响企业管理者的宏观判断，不利于企业的发展，甚至会受到各种来自内部和外部带来的一系列竞争挑战。企业需要加大对产品和技术的开发力度，防范降低其中的风险，充分挖掘市场信息，掌握来自外界的大量准确性信息，通过自己的单打独斗，明确自身的市场定位。

（2）营销策略。随着物价以及消费者生活水平的不断提高，服务价格的上涨会对企业的发展带来不利影响。建立较为完善的市场研究和市场监管体系，把握市场脉搏，迎合目标市场群体的消费和价值取向，掌握顾客的需求，根据市场发展的潮流，调整企业的内部结构和服务方式以及营销策略，制定合理的产品，化解市场带来的不利影响。当今市场瞬息万变，产品更新换代速度快，通过有力的宣传手段，促进企业在黄金时期占据市场，树立企业的信誉，提高企业的知名度，有助于消费者更好地了解服务方式和产品信息，提高自身的市场竞争力，减少其他产品的冲击力度。

（三）人力资源风险

新办企业对于用人要求较高，创新要求高，人员的选用影响企业的发展，人员会受到价值观以及自身知识的掌握情况的影响，适应自身的岗位，若企业人员素质低下，知识不全面，缺乏对产品或企业相关规章制度的了解，会影响整个企业的运作。针对人力资源的风险，采取公平、公正、公开的机制，进行人员的选择，培养一批素质高，适应力和亲和力较强的人员，加强对知识的全面了解。积极与各机构及高校合作，不断吸取具有创新意识的人才，促进管理队伍人员素质的不断提高，减少给未来企业的经营和健康发展带来风险隐患。

（四）财务管控风险

国际资本流动日益频繁、经营计划及相关的会计资料为依据，利用比率分析、比较分析、市场竞争压力日益紧迫，这都使得企业的财务决策面临着更大的不确定因素分析，对企业的经营、财务活动等进行分析不确定性与风险性。企业要建立针对财务会计的激励机制和岗位责任制，随着企各岗位权责，使之相互牵制，减少失误，提高效率。建立财务分析专家库，提高财务管理人员的素质，适应企业经营方式与发展模式的变化，要动员企业和人员克服困难，让企业尽快地适应新的发展形势，以预防和规避财务风险的发生。

（五）管理控制风险

从企业诞生开始，就一直面临应对外部因素带来的各种风险，企业内部有人力、物力、财力的变化。良好的风险管理工作，是企业正常运作的有力保障，我们要客观分析企业所面临的风险类型，制定出一份详尽的风险管理计划。

众多的新企业出现，管理停留在经验管理和科学管理的阶段，在运作、经营、营销服务、组织机构管理体制方面都存在着不完善的地方。面对市场竞争，没有形成自身特色，经营管理理念落后，坚持以经济利益最大化为目标，阻碍企业经营管理的发展和创新。

（六）技术研发风险

如今，"互联网+"模式不断发展，如果新办企业没有自身的研发团队，没有掌握最新的研发技术，那就无法保证自身在激烈的竞争环境中始终保持竞争优势。一方面，新办企业的产品与服务是否能得到市场和大众的认同，直接取决于产品质量以及产品是否符合市场需求，而这又取决于新办企业的研发团队是否能够准确调研，找到市场需求，是否能够保持先进的研发技术。另一方面，新办企业是否能够根据市场环境的变化，准确判断风险，使产品不断得到创新，将直接决定新办企业能否有效顺应市场发展趋势，始终保持竞争优势。大众消费能力降低，导致很多服装生产商面临巨大挑战，而其中一部分服装生产商抓住机遇，利用自身强大的生产线，转而生产当下最需要的口罩、防护服等医用产品，不仅缓解了自身面临的风险，也为防控工作贡献了自己的力量。

三、新办企业风险控制的应对策略

新办企业应该充分认识到自身在发展过程中面临的风险，以及自身在风险管控过程中的存在的不足，以此为出发点，找出应对策略，保证自身的健康、平稳运行。

（一）强化新办企业上下风险控制意识

对于新办企业来说，树立牢固的风险控制意识是完善自身管理机制的前提。一方面，新办企业管理层应做好顶层结构设计，做好自身企业风险控制的常态化运行机制，使风险识别、风险评估、风险分析和风险管理等工作贯穿各项工作的始终。另一方面，企业的执行层和员工更应该定期接受风险管控的相关培训，使风险管控思维根深蒂固地存在于每个员工的日常工作中。最后，各部门之间应该建立沟通协调机制，相互配合、资源共享，防范风险。在部门中设立专职或兼职。

风控专员，定期对本部门的工作进行风险识别，防患于未然，从而提高整个企业的风险控制能力。

（二）建立完善的内部控制体系

新办企业的风险管理和内部控制是相互依托的，二者相辅相成，针对企业日常所涉及的收支、资金管控、预算、合同、信息安全等工作都提供了强有力的支撑。一方面，在资金管控方面，新办企业应该着力于强化预算决算工作、拓宽融资渠道、加强投资评估等方面，实资产资金运行安全有效发展。另一方面，新办企业应加强对合同的要约、洽谈、拟定、签订、履行等全过程的管控，合同签订初期应注意细节，符合法律法规的规定，合同签订过程中应明确双方具备的权利和义务，合同履行过程中应着眼于合同完成的期限，合理安排工作计划，以免造成合同延误。

（三）加强对自身风险管控的监管力度

新办企业除了强化自身风险控制意识、建立完善的内部控制体系之外，还需对自身的风险管控工作进行有效地监督、管理及评价。一方面，新办企业应该建立专门的风险管控团队，对识别出的风险点进行长期、持续、有效的监督和管理，对关键风险进行重点监管，实时跟进管控过程中风险级别的变动，根据变动出具风险管控报告，作为上层领导正确做出战略决策重要依据。另一方面，新办企业应该定期聘请专业的审计团队对自身的运营状况进行审计，从数据中发现自身存在的问题，根据问题追根溯源，从而对症下药，制定最行之有效的解决办法。最后，新办企业应对自身的风险管控工作作出合理评价，为之后的风险管控工作提供借鉴。

（四）健全完善积极的人才激励机制

一方面，要把握好创新理念，创新体制机制，提倡内部成员积极参与管理当中，优化薪酬制度、绩效考核、赏罚制度等，让企业人员更加积极自觉地工作。提高生产水平，对产品和服务质量严格把关，使利益达到最大化。另一方面，积极实施人才引进计划，尊重人才，留住人才，通过一系列的措施，提供良好的工作环境，关心体恤员工，吸引人才的流入，强调激励和约束相结合，激发员工的主观能动性和创造性，建立多层次、综合型人才结构，建设和谐企业，有助于企业的管理发展。

第四节　新办企业相关法律与伦理问题

一、企业法律的概念

（1）法律，是由国家制定或认可并以国家强制力保证实施的，反映由特定物质生活条件所决定的统治阶级意志的规范体系。

（2）企业法，是指调整企业在设立、组织形式、管理和运行过程中发生的经济关系的法律规范的总称。

二、不同方面企业相关法律

企业自成立初期直至企业破产或被吞并，在这期间企业的各个方面都会遇到一些法律问题涉及一些法律条例。其中不仅有各种类型公司共同的运律也有不同的法律规定，以下有企业各个方面所涉及的法律：

（1）最基本的法律：《公司法》是规范公司成立、运营、行为的基本法律。不同类型企业都要涉及的法律，公司成立、章程、运营、清算以及投资人（股东）的权利、责任都按照《公司法》中相关条例进行。公司法贯穿着中小型企业的始终。

（2）公司成立及运营：《公司登记管理条例》《公司注册资本登记管理规定》《合同法》是企业成立及运行所涉及的相关法律。对公司企业法人的资格以及公司登记成立、年检和注销，《公司登记管理条例》有着明确规定；而对于公司注册的资本，《公司注册资本登记管理规定》进行了更为详细的规定，不同类型企业所注册资本方式也就不同：个人独资企业即一人独自出资经营注册资本为投资人所投资金，有限责任公司注册资本为公司在登记机关依法登记的全体股东认缴出资额。公司的运营发展目的是利润，必定要通过交易来实现届时会涉及到合同签订、公司股权交易、知识产权的交易以及物权的变动都需要《合同法》进行调整规范。

（3）物权及知识产权：公司的经营会涉及土地、房产、资金、技术，还会注册自己的商标、申请专利等这些都有涉及法律问题。对于公司的动产和不动产《物权法》有相关的条例，《土管法》《房地产管理法》也有涉及土地、房产物权等方面的法律规定；企业的商业秘密和专利技术也受到《商标法》《专利法》《反不正当竞争法》的调整规范。

（4）税收与劳动：企业的生产经营所获得的利润也将按照相关的法律法规缴纳税款，遵循《增值税法》《企业所得税法》《个人所得税法》《税收征管法》等法律；企业获得的利润除用于缴纳税款和自身生产以外还用于分发员工工资和缴纳社会保险，对于企业应聘员工也要遵循《中华人民共和国劳动法》《劳动合同法》和其他的法律法规不得侵害劳动者的合法权益。

（5）企业破产与终止：企业终止股东或者投资人自行解散还是申请法院解散都要按照《公司法》相关规定成立清算组；资不抵债时可申请破产而受《破产法》调整。

（6）其他方面：企业运营涉及支付结算、贷款融资所涉及的法律《贷款通则》《票据法》《证券法》等相关法律。

三、新办企业常见伦理问题

伦理从根本意义上指的是处理"己""人"关系的准则，包括人与他人，人与人类，人与国家，人与自然等关系处理的准则。引申到特定的环境这里的人可以是泛指"客体"，"己"可以泛指"主体"。企业的伦理是企业的根基与灵魂，尤其是在当今企业数量迅速增长的时代，想要将企业建设推向一个新的高度，那么企业伦理就显得相当重要。一个优质的企业伦理可以使企业内部更加团结，可以刺激员工的积极性，树立良好的企业形象以提升企业在市场上的竞争力，最终促使企业从一众同行中脱颖而出。

（一）企业伦理的建设途径

（1）塑造正确的企业价值观。企业价值观为企业的生存与发展确立了精神支柱，正确的企业价值观能够对企业及员工的行为起到导向与规范作用；能够产生凝聚力激励员工积极为企业做出贡献激发他们的潜能，把员工紧密联系在一起激发企业内生动力。塑造正确的企业价值观需要企业领导人以身作则、言传身教树立正确的价值观从而树立良好企业形象；完善企业机制做到公平、公开、公正；坚定企业应有的基本理想信念，不断加强企业的精神文化建设。

（2）重视以诚信为本的市场道德。"当老实人，做老实事，说老实话"，诚信不仅是人类立身之本也是一个企业长久经营的基本要求。一个企业讲诚信会有更多的合作伙伴也能够在当今的市场经济体制下扎实根基，一方在交易之中讲诚信，守公德，另一方也会自觉遵守市场规则，信守承诺；这不仅会促进双方友好合作又能规范引导市场秩序，在市场上形成诚实守信的良好风尚。

（3）积极履行社会责任。在当今社会主义市场经济体制下，积极承担"社会责任"是企业树立良好形象的重要表现之一，随着经济全球化不断发展也要求企业要积极承担社会责任，履行社会责任有利于企业树立良好的企业形象赢得品牌声誉获得消费者的认可与信赖。自觉遵守法律法规按原则办事，做好分内之事从自身和外界两个方面积极履行社会责任。

（4）树立人本管理精神。企业最主要的组成部分就是员工，企业要发展必须树立以人为本的管理精神以人为中心，在经营管理的过程中一定要识人用人充分发挥每个员工的能力，建立奖励机制和顺畅的沟通渠道加强员工之间的沟通与了解促进合作激励员工积极参与到工作中。重视人力资源的合理分配实现企业的平衡，注重每个员工的素质发展而不是只重视"人才"，加强企业内部团结合作。

（二）企业伦理的作用

1. 基于企业内部作用的体现——价值观念及道德准则

（1）基于非管理层的员工角度。以往，许多企业流行师傅带徒弟的模式，这种模式在企业的伦理中体现为一种人情味。在这种人情味越来越浓之后，就可能导致人情在企业中所能发挥的作用越来越大，其带来的后果便是降低企业的生产效率、增加企业的人工成本等不良影响。相比之下，如今的企业虽然其伦理中缺了一点人情味，但在实际运营中更懂得衡量利弊，作出最利于企业发展的决策。一个建设良好的企业，其一定拥有较为合理的企业伦理。只有当积极且正面的企业伦理贯彻到了员工之中，才能激发出员工的热情以此提高企业整体的效率。同时，若企业的伦理被企业冠以自身的文化特色，那么当这样的伦理贯彻到员工心后，企业的整体竞争力中会增加一个加分项——企业的特色文化。这样一来，企业便更容易从众多竞争者中脱颖而出，受到市场的青睐。❶

（2）基于领导者与股东角度。企业伦理在一定程度上是其以往以及在任领导者的理念集合的结晶。股东对于企业伦理的高认可能对企业的团结起到一定的促进作用。如果股东对于目前企业所遵循的伦理持有一些否定意见，不能协调一致，就有可能会导致企业内部产生拉帮结派的现象，而小团体的形成会严重妨碍企业在进行重大决策时作出正确决定，甚至可能会发生股东联手将经营者排挤到企业外的事件。同时，拥有一个能很好地将企业伦理贯彻下去的领导者也很重要，这样的领导者会将企业伦理体现在制定企业运营管理中的规章制度上，并且会在挑选管理层人选时会更偏向于认同且能很好地贯彻企业伦理的员工，以此来提高管理层的凝聚力，从而在一定程度上提高管理水平，最终起到促进企业建设的作用。拥有一个能够贯彻企业伦理的领导者以及拥有能被股东广泛接受的企业伦理对于企业建设而言非常重要。

2. 基于企业外部作用的体现——日常活动的行为规范

弗里德曼曾指出："市场经济对利润的追逐只有在遵循一定道德价值的情况下才能达到其所希望的效率。"对于消费者而言，当其决定在同一类商品中选择哪个企业所生产的商品时，他们主要会考虑的因素便是企业的公众形象如何、产品质量如何，简而言之就是企业的品牌如何。

企业的公众形象是由其在日常活动中所遵循的企业伦理建立起来的。最重要的一点就是该企业在日常活动中是否重视消费者的利益。比如，企业是否重视消费者对产品的提议并根据市场整体需求对产品进行相关调整；企业是否会夸大产品性能导致产品并不能符合大多数购买者的基本需求；企业是否会为了将利润最大化而欺瞒消费者，将不符合市场要求的材料用于产品的生产。同时，企业在与消费者进行间接接触时所体现出来的企业伦理也很重要，比如以服务态度出名的海底捞便是很好的代表，海底捞的服务人员与消费者之间的接触便可看成企业与消费者之间的间接接触，服务人员对消费者无微不至的服务很好地体现了海底捞"顾客至上"的理念，这一点在很大程度上加快了海底捞的企业建设，最终使其能跻身于中国餐饮行业龙头企业的行列。

---

❶ 冉一江. 企业伦理在企业建设中的作用探讨［J］. 投资与创业，2021（4）：145-147.

(三) 企业伦理的良性循环作用

当企业伦理在企业外部获得消费者的认可后，会出现如下的效果：第一，增强其品牌在市场上的竞争力，形成品牌效应，加快企业的品牌建设进程。第二，增强员工的荣誉感、赢得员工对企业更多的信任，由此进一步激发员工的积极性。第三，以上两点又能进一步扩大企业在人才市场上的吸引力，由此引进更多企业所需人才进一步促进企业自身的建设。鉴于此，企业伦理对企业的积极作用最终会形成一个良性循环。故而重视并利用好企业伦理对于企业建设至关重要。

虽说从短期来看，企业伦理对于企业建设的作用并不会很明显，至少与企业在当前所遇到的极具诱惑力却违背企业伦理的利润相比，坚持企业遵循的伦理不可能不使企业实现利润最大化的目标。但从企业伦理对企业建设产生的作用分析可以看出，企业伦理所能带来的好处及收益将会是任何需违背伦理才能实现的利润所不能比拟的，同时违背伦理去获得利润给企业带来的伤害也很大。故笔者认为，若企业能重视企业伦理的建设并加以利用，其在企业建设方面所产生的积极作用将会是巨大的。

四、基于企业伦理对新办企业建设的思考

第一，新办企业应加强自身企业伦理的贯彻，加强企业内部的文化建设，完善自身的价值理念体系。不要因眼光短浅只看得见眼下的利益，而忽视遵循企业伦理在长远发展上所能带来的更为巨大的效益。

第二，新办企业领导者应关注股东对于企业伦理的认可程度，并根据股东的反馈意见对企业的伦理进行反思，及时修正不合理之处，防范不利于企业发展的"小团体"的产生，加强企业内部团结。

第三，新办企业应向所有员工贯彻积极正面的企业伦理，激发员工的热情。同时要注重企业伦理中的人情方面，在满足员工生理和安全需要后也要尽量满足其对于企业方面在情感和归属上的需要，以此提高员工的忠诚度，并在企业内部树立良好的管理形象。

第四，新办企业应注重在面对消费者时贯彻积极且正面的伦理，树立良好的企业形象、打造品牌效应，最终发挥伦理对企业建设的良性循环作用。同时，企业应时刻牢记，即使违背企业伦理去获利可能不会受到法律制裁，但因违背企业伦理而使消费者受损的行为都将对企业造成极大的负面效应，不利于企业长远的发展建设。

【拓展阅读】

阿里巴巴集团控股有限公司"二选一"垄断违法案。

自 2015 年来阿里巴巴集团利用其在中国境内网络零售平台所占据的支配地位，要求平台商家进行"二选一"的抉择，禁止商家在其他的有竞争性的平台上开店或

者参加促销活动，以保证自身平台的市场优势及市场力量。经现场检查、查阅相关文件以及调查相关人员，多次听取阿里巴巴集团的陈述意见，最终证据确凿阿里巴巴集团被处罚 182.28 亿元。

据调查，阿里巴巴集团实行"二选一"的行为违反了《反垄断法》第十七条第一款第（四）项禁止"没有正当理由，限定交易相对人只能与其进行交易"，滥用其市场支配地位，侵害了平台内商家的合法权益，损害了消费者的利益。

【本章小结】

在大众创业、万众创新的新时代背景下，国内市场经济迎来了创业的又一高峰，各领域、各类型的初创企业不断涌现，这不仅可以扩大就业机会，增加财政收入，而且也是健全社会市场经济体制，实现国民经济可持续发展的长期需要。但繁荣背后，有不少新办企业还没成长便已夭折，更多的企业则在激烈的市场竞争中陆续被淘汰出局。新办企业存亡更迭速度过快、存活率过低等问题层出不穷，本章节从新办企业的注册手续、管理与经营、风险控制、伦理塑造等不同角度展开详细论述，旨在为新办企业快速步入发展轨道提供具体化、可操作的引导性理论体系。

【思考与实践】

（1）企业的组织形式及各自的优劣势是什么？
（2）新企业成立和管理的流程与方法有哪些？
（3）西南地区企业创建需要注意的问题有哪些？

第七章 "互联网+"与西南地区大学生创业

【教学目标】

通过本章节内容的学习，了解"互联网+"的内涵特征及变迁历程，并根据"互联网+"大学生创新创业现状，学会利用相关方法进一步分析"互联网+"大学生创新创业所面临的机遇与挑战，以明确自身未来发展方向。

【教学要点】

1. "互联网+"的内涵特征及变迁历程
2. "互联网+"大学生创新创业思维现状分析
3. "互联网+"与西南地区大学生创业实践

【案例导入】

东方甄选爆火：新东方转型的"强心剂"

2022年6月初，董宇辉因中英双语直播带货一夜之间爆火"破圈"。随后，新东方集团旗下的东方甄选"原地起飞"，三个月带货20亿，这一话题也冲上了微博热搜。

1. 成功突围。2021年12月底，东方甄选直播首秀当日仅收获47万元的销售额，与罗永浩超1亿元的直播首秀销售额相比，也就差了"亿点点"。然而自从直播间"双语带货"火出圈之后，东方甄选的粉丝量仅一周时间就从一百万增至逾千万人，短短半年时间，粉丝数就暴涨了百倍。直播间的GMV（商品交易总额）也从百万级跃升至千万级，位列带货榜第一名，成为2022年"6·18"最大的黑马。据新抖数据显示，东方甄选直播间2022年6月的销售额达6.81亿元，是同期唯一突破6亿元销售额的抖音直播间，位列第一。2022年7月，它仍然延续了这一"神话"，并以6.18亿元的销售额稳坐冠军宝座。显而易见，在直播电商"群龙无首"的空白期，东方甄选已经成功突出重围，挤进了头部直播间。

2. 关键之举。东方甄选之所以能迅速突围，除了选品更具性价比、头部主播缺位、带货不收坑位费等因素之外，关键原因是双语教学、风趣幽默又夹带知识科普的内容风格，打破了以往同质化的直播带货模式，而这样令人耳目一新的优质内容，正是当初火遍全网的"导火索"。顶流的位置从来不是一劳永逸的，想保持住直播间的流量，就必须在内容领域持续深耕。在爆火出圈后的这段时间里，东方甄选团队并没有抛弃内容，而是在不断深化直播内容上的优势。最初，东方甄选依靠董宇辉等主播的"上课式双语直播"给用户带来新鲜感。为了保持这种新鲜感，东方甄选开始像经营访谈节目一样，持续邀请文娱界的大咖，如茅盾文学奖获得者麦家、《人世间》作者梁晓声、陈佩斯、古天乐等，以及诸多互联网企业家们做客直播间。后来，东方甄选尝试把直播地点从棚内搬到田间地头，开启了北京平谷行、东北行、陕西行等户外直播之旅。在北京平谷行的首场户外直播，1万单桃子在开售后不到10分钟便售罄，随后只剩下俞敏洪一边吃着桃子，董宇辉一边聊着诗词、人生和理想的"魔幻"画面，这次户外直播首战告捷。正值直播领域百家争鸣之时，低价促销不再是主旋律，内容打造已经成为直播电商厮杀的主战场，而具备优质内容生产能力的或许才更有潜力成为赢家。

3. 运行模式。东方甄选有其独特的运行模式，即"知识+精选"。此模式的前提是用户认可其知识生产能力与品牌价值，东方甄选不再是单纯意义上的平台，而是更多地介入了电商实际的操作过程当中，通过深度介入来给上游产业带来更多改变，以此来满足消费者多样化的需求。从这个角度看，东方甄选其实是在尝试一种全新的电商模式，从本质上看，这是一种产业互联网的新模式和新打法。从长远发展角度看，东方甄选则需打造一个涵盖不同的产品呈现形态、不同的引流渠道、不同的用户人群的综合性平台，解决农产品直播带货的痛点，才能立于电商直播时代洪流的不败之地。

（1）如果不想被别人否定，自己就要更加努力。在三四年前，李佳琦在某美妆产品专柜卖他们公司的产品，他是一个活泼开朗喜欢与人交流的男孩，对于工作有着由衷的喜爱。他会去对面商场专柜了解其他产品，虽然偶尔旷工，但是他的同事都会理解。后来他们公司想用直播卖货的方法卖产品，因为有公司补贴，所以他的同事们都很用心，但是看直播的永远只有少数人，能卖出产品的也不多，随后直播卖产品渐渐没有人做了，只有那个活泼开朗善于交流的男孩在坚持。老天不负有心人，就在他因为生病快决定停播的时候他被推荐了，大量粉丝涌入了直播间，后期慢慢出名了。公司员工之前做直播的时候效益不是很好，所以很多人没有坚持做，但李佳琦一直坚持着，每次排名上升时他会说："又干掉了一个。"他没有否定自己，所以他有了成就。

（2）把简单的事做好就是不简单，把平凡的事做好就是不平凡。因为直播迅速涨粉并卖出了很多产品的李佳琦获得了很好的收入，在当地可以过上不错的生活了，但他在某次与同事聚餐后挥泪告别，决定去上海闯荡。在他知道自己有了稳定的粉丝量时有人劝他不要那么辛苦，可以减少直播次数，他说直播平台每晚都有上万人直播，如果他有几天不直播，那么粉丝就会被别的主播吸引从而不再关注他。直播这件事看起来比较简单，但是能让几万人同时下单着实不容易，李佳琦做到了。有人这么说："我不敢去看李佳琦直播，我怕我会忍不住下单。"在他的直播间有各种化妆品，但也会有小零食和其他东西，虽然种类不是很多，但是销量却很好。他的的确确做到了不简单的事。

（3）真正的人生，只有在经过艰苦卓绝的斗争之后才能实现。李佳琦的成功并不是一蹴而就的。在记者采访他的时候看到他家有好多面口红墙，而李佳琦可以准确地说出关于某支口红的型号、色号等很多信息。他一年365天有多于365次的直播，有时候会去国外，也会带着大大小小的装满化妆品的行李箱，去逛化妆品专柜时会记录那些化妆品的信息，而做这些事情，都是为了直播。他因为涂口红太多嘴唇受到了伤害，粉丝劝他用胳膊试色，他觉得用胳膊和用嘴巴效果不一样，用嘴巴可以更直观，他说："不用可怜我，这是我的工作。"虽然直播卖产品这条路不容易，但是这是李佳琦自己选择的，他要成为他心中真正的李佳琦。

【案例思考】

该案例中东方甄选是如何运用直播这一快捷和有效的方式成为时下最具价值直播间之一的，在这一过程中互联网发挥了怎样的作用？

【案例点评】

（1）基于电商销售模式，直播秒杀对消费者带来的消费提升。在直播秒杀的过程当中，电商平台充分抓住了消费者对于稀缺商品的热烈追求。在秒杀时，通过主播自身对商品的描述，营造出商品即将售罄的氛围，有效提升消费者自身的参与意识，帮助消费者产生购买冲动，完成商品销售。作为一种全新的销售模式，直播秒杀突出"时间紧""流程短""物品优"的特点。同时，直播秒杀还具备非常优秀的"互动性"，通过互动性，提升消费者与主播之间的沟通，实现消费者在购买商品时与商家沟通的需求。

（2）商直播秒杀模式在发展中的技术点。电商直播秒杀模式要想得到大量应用，其自身就需要对电商直播秒杀模式的关注投入大量精力。由于电商直播秒杀模式依托于互联网与电商，将二者作为基础平台，因此在集体的发展当中，必须对其进行技术增强，改进自身的技术点，帮助消费者拥有更好的消费体验，同时对其心理掌握程度也更加清晰明了。

（3）电商平台在直播秒杀模式当中对消费者的心理掌控。在直播秒杀模式当中，为了保证商品可以更好地进行销售，就要对消费者的心理进行有效掌控，了解消费者真正感兴趣的"点"，并以此为基础，推出相应的"延伸动作"。在对消费者心理特点的观察当中，发现很多消费者对于品牌具有强烈的认知，甚至超越了价格因素。此外，便是其主播人员以及其他消费者对此件商品的认知，如果此件商品并不是品牌商品，那么电商就需要加大直播宣传力度。

在互联网的高度发展中，其自身的链接性为我国各领域带来了集中提升。因此，对于电商而言，其自身更应抓住这种机遇，通过构建不同的销售模式以及营销场景，帮助消费者进行"全面购买""全面提升"。对于商家而言，这种新起的销售模式可以衍生出更多的销售方法；而对于消费者而言，也满足了其"边看边买"的需求。在未来的发展当中，电商直播秒杀模式，将会成为电商的核心销售方式，为我国经济的发展提供必要的支撑。❶

第一节 "互联网+"时代

一、"互联网+"概况

"互联网+"概念的中心词是互联网，它是"互联网+"计划的出发点。"互联网+"计划具体可分为两个层次的内容来表述。一方面，可以将"互联网+"概念中的文字"互联网"与符号"+"分开理解。符号"+"意为加号，即代表着添加与联合。这表明了"互联网+"计划的应用范围为互联网与其他传统产业，它是针对不同产业间发化完成产业升级。互联网通过将开放、平等、互动等网络特性与传统产业的运用，通过大数据的分析与整合，试图理清供求关系，通过改造传统产业的生产方式、产业结构等内容，来增强经济发展动力，提升效益，从而促进国民经济健康有序发展。❷

二、概念提出与变迁

国内"互联网+"理念的提出，最早可以追溯到 2012 年 11 月于扬在易观第五届移动互联网博览会的发言。易观国际董事长❸兼首席执行官于扬首次提出"互联

---

❶ 付义博.电商直播秒杀模式的应用对消费者购买心理的影响分析 [J].商场现代化，2021（9）：16—18.

❷ 黄楚新，王丹."互联网+"意味着什么——对"互联网+"的深层认识 [J].新闻与写作，2015（5）：5.

❸ 于扬.所有传统和服务应该被互联网改变 [EB/OL].[2015-11-20].

网+"理念。他认为在未来，"互联网+"公式应该是我们所在的行业的产品和服务，在与我们未来看到的多屏全网跨平台用户场景结合之后产生的这样一种化学公式。我们可以按照这样一个思路找到若干这样的想法。而怎么找到你所在行业的"互联网+"，则是企业需要思考的问题。

2014年11月，李克强出席首届世界互联网大会时指出，互联网是大众创业、万众创新的新工具。其中"大众创业、万众创新"正是此次政府工作报告中的重要主题，被称作中国经济提质增效升级的"新引擎"❶，可见其重要作用。

2015年3月，全国两会上，全国人大代表马化腾提交了《关于以"互联网+"为驱动，推进我国经济社会创新发展的建议》的议案❷，表达了对经济社会创新的建议和看法。他呼吁，我们需要持续以"互联网+"为驱动，鼓励产业创新、促进跨界融合、惠及社会民生，推动我国经济和社会的创新发展。马化腾表示，"互联网+"是指利用互联网的平台、信息通信技术把互联网和包括传统行业在内的各行各业结合起来，从而在新领域创造一种新生态。他希望这种生态战略能够被国家采纳，成为国家战略。

2015年3月5日上午十二届全国人大三次会议上，李克强总理在政府工作报告中首次提出"互联网+"行动计划。李克强在政府工作报告中提出，"制定'互联网+'行动计划，推动移动互联网、云计算、大数据、物联网等与现代制造业结合，促进电子商务、工业互联网和互联网金融（ITFIN）健康发展，引导互联网企业拓展国际市场。"

2015年7月4日，经李克强总理签批，国务院印发《关于积极推进"互联网+"行动的指导意见》（以下简称《指导意见》），这是推动互联网由消费领域向生产领域拓展，加速提升产业发展水平，增强各行业创新能力，构筑经济社会发展新优势和新动能的重要举措。

2015年12月16日，第二届世界互联网大会在浙江乌镇开幕。在举行"互联网+"的论坛上，中国互联网发展基金会联合百度、阿里巴巴、腾讯共同发起倡议，成立"中国互联网+联盟"。

随着信息化的不断发展，在知识社会创新2.0推动下的互联网形态演进及其催生的经济社会发展新形态。"互联网+"是互联网思维的进一步实践成果，推动经济形态不断地发生演变，从而带动社会经济实体的生命力，为改革、创新、发展提供广阔的网络平台。通俗地说，"互联网+"就是"互联网+各个传统行业"，但这并不是简单的两者相加，而是利用信息通信技术以及互联网平台，让互联网与传统

---

❶ 新华网.中国有了"互联网+"计划［EB/OL］.［2015-03-06］.

❷ 物联网.马化腾两会提案大谈"互联网+"［EB/OL］.［2015-03-05］.

行业进行深度融合，创造新的发展生态。它代表一种新的社会形态，即充分发挥互联网在社会资源配置中的优化和集成作用，将互联网的创新成果深度融合于经济、社会各域之中，提升全社会的创新力和生产力，形成更广泛的以互联网为基础设施和实现工具的经济发展新形态。

三、"互联网+"的内涵及其特征

"互联网+"是互联网思维的进一步实践成果，它代表一种先进的生产力，推动经济形态不断地发生演变。从而带动社会经济实体的生命力，为改革、发展、创新提供广阔的网络平台。通俗来说，"互联网+"就是"互联网+各个传统行业"，但这并不是简单地两者相加，而是利用信息通信技术以及互联网平台，让互联网与传统行业进行深度融合，创造新的发展生态。它代表一种新的社会形态，即充分发挥互联网在社会资源配置中的优化和集成作用，将互联网的创新成果深度融合于经济、社会各领域之中，提升全社会的创新力和生产力，形成更广泛的以互联网为基础设施和实现工具的经济发展新形态。❶

"互联网+"有六大特征：一是跨界融合。"+"就是跨界，就是变革，就是开放，就是重塑融合。敢于跨界了，创新的基础就更坚实；融合协同了，群体智能才会实现，从研发到产业化的路径才会更垂直。融合本身也指代身份的融合，客户消费转化为投资，伙伴参与创新等，不一而足。二是创新驱动。中国粗放的资源驱动型增长方式早就难以为继必须转变到创新驱动发展这条正确的道路上来。这正是互联网的特质，用所谓的互联网思维来求变、自我革命也更能发挥创新的力量。三是重塑结构。信息革命、全球化、互联网业已打破了原有的社会结构、经济结构、地缘结构、文化结构。权力、议事规则、话语权不断在发生变化。"互联网+"社会治理、虚拟社会治理会有很大的不同。四是尊重人性。人性的光辉是推动科技进步、经济增长、社会进步、文化繁荣的最根本的力量，互联网的力量之强大最根本地也来源于对人性的最大限度的尊重、对人体验的敬畏、对人的创造性发挥的重视。五是开放生态。关于"互联网+"，生态是非常重要的特征，而生态的本身就是开放的。我们推进"互联网+"，其中一个重要的方向就是要把过去制约创新的环节化解掉，把孤岛式创新连接起来让研发由人性决定的市场驱动，让创业者有机会实现价值。六是连接一切。连接是有层次的，可连接性是有差异的，连接的价值是相差很大的，但是连接一切是"互联网+"的目标。

---

❶ 陈彬. "互联网+"时代中国发展的机遇与挑战［J］. 财经界，2017（11）：3-5.

第二节 "互联网+"创业思维

　　互联网时代的来临，深刻影响着社会发展以及人们日常生活的各个方面。近几年，由于互联网技术的快速发展，越来越多的产业都开始与互联网相结合。这也让"互联网+"逐渐成为时代热词，任何与互联网相结合的产业，几乎都具备高度的创新性，并且也依靠这样的创新性，在当今时代获得了强盛的生命力。互联网迅猛发展，降低了创新创业的成本，营销方式固定单一转向灵活多元，工作状态和模式也发生了颠覆性的改变，同时也为创业者带来了更多的创新创业机遇和动力，这无疑会对高校创新创业教育的开展造成根本性的变化。

　　由于互联网的影响，让很多原本需要依靠人力的工作都逐渐被互联网的特殊工作能力所取代。所以说，互联网时代事实上是一个机遇和挑战并存的时代，当代大学生在这样的一个背景之下，未来也面临着非常大的就业压力。但是如果大学生能够把握好互联网时代的潮流，具备创新和创业意识，并且将互联网和创业思维相结合，让其发生知识碰撞，那么大学生也能够在这样的浪潮当中，提高自身强有力的竞争力。

一、"互联网+"时代的创业特征

　　"互联网+"是一种新的社会形态，它指的是借助互联网信息技术手段和现实生活中的政治、经济、文化相融合，从而创新出一种新的生产力和创新驱动力，从而形成更加广泛的交叉行业。比如现在的滴滴打车和百度外卖，都切实的是互联网产品和传统外卖行业的融合，使得我们的生活大大方便。观察互联网时代下的创业特点，不难发现以下几个特征：第一，跨界融合。在社会大发展大变革的时代，政治、教育、经济和金融等各个方面都表现出了和互联网技术共通共融的状态。只有敢于创新，善于将互联网信息技术和各个生活层次和方面进行深度融合，智能化产业才能够越来越多，各领域的研发到应用和产业化才能够垂直分布。这种跨界融合实际上也可以看作是身份的融合，消费者的消费将直接推动企业的快速发展。除此之外，除了看到整个融合发展中经济的推动作用，更多的实际上是思维的贡献。第二，创新驱动。经过我国40多年的改革开放，实践告诉我们之前的资源驱动型的发展模式已经不能够适应当今时代和社会的发展要求了。要想保持经济快速增长，就必须转变发展方式，而创新驱动才能够满足人民对于生活的更高需求，而互联网创新恰恰是一项重大的创新驱动力。通过依靠互联网的创新思维来实现社会的变革，从而发挥创新力，这自然是各个领域发展的绝佳之选。第三，重塑结构。互联网的出现和快速发展，不仅使传统的媒介受到很大的冲击，比如报社和相关的广播电台。与此同时，也是的社会的相关经济结构和相关的文化产业发生了巨大的变化，总的内容和形式都在不断地改变。互联网时代对于整个社会的结构的完善和发展都产生了很大的推动和助力作用。❶

二、"互联网+"时代大学生创新创业能力培养的现状分析

（一）大学生总体创新创业意识不强

据有关调查分析，我国大学生自主创业的比例每年仅有 5%，相较于一些西方国家，我国大学生的创新创业概率是非常滞后的。这种创新创业意识不强，主要表现为以下几个方面。第一，有很大一部分大学生在进行专业学习的时候，都有过创新创业的规划和想法，但是在毕业之后能够把这种创新创业的规划付出实际的大学生少之又少。第二，一部分大学生在进行专业课学习的时候，比较安于现状，希望自己通过学好专业课知识，在毕业之后找到一份与自己专业知识挂钩的工作即可，并没有进行自主创新创业的意识。第三，有一部分大学生虽然具备了创新创业的意识，他们也希望通过自主创业来获得更好的发展。但是这一部分大学生的创新创业意识，常常是建立在理论层面的，他们针对自己想做的事情，不会去进行细致入微的市场调研，也无法综合评估自身的创业想法是否适合当代时代发展潮流，是否能够在激烈的社会竞争当中取得一席之地。也就是说从总体上来看，我国大学生的自主创业比例相较于国外较低，并且大学生的创新意识和创新能力都不够强，要么具备一定的创新意识，但无法付出行动，要么具备的创新意识，仅仅是建立在个人理论层面，而没有与当代社会发展情况挂钩。❷

（二）创新创业资金支撑缺乏

众所周知，大学生自主创业需要大量的资金支撑，且很多大学生即使在自主创业的过程当中投入了量的资金，但是最终也会因为种种情况导致资金损失。也正是因为具备这样的风险意识，有相当一部分大学生都不敢把自主创业的设想落实到行动当中来。还有一部分大学生，虽然具备较好的创新创业想法，他们的某些想法也确实能够在当下的市场竞争当中，获得相对有利的地位。但是由于自身经济条件匮乏，一时之间无法拿出大量资金投入。另外，这些大学生在融资和集资方面也缺乏一定的经验和技巧。最后常常因为资金缺乏，而导致自己把创新创业的想法一再搁置。虽然目前我国对大学生创新创业，给予了相对较多的资金扶持和政策偏向，但是每年从我国毕业的大学生数量庞大，目前我国对大学生创新创业所提供的资金和

❶ 焦萍萍. 互联网+模式下大学生创业影响因素研究 [J]. 风景名胜，2019（5）：223.
❷ 张倩倩，刘颖，胡阳华. "互联网+"时代大学生创新创业意识培养路径研究 [J]. 作家天地，2021（30）：127-128.

政策支持，暂时还不能完全满足我国每年大学毕业生的创新创业需求，这也是在辉煌时代，影响我国大学生创新创业意识与能力培养的一个客观现实因素。

（三）家长的个人观念对学生的创新创业意识有较大影响

很多家长都希望学生未来能够有一个相对稳定的工作，对于公务员、教师这一类职业往往相对青睐。所以在学生步入大学生活之后，很多家长都会干涉学生的未来就业选择，要求学生报考公务员或者教师编制等。家长对学生提出的这些要求，一定程度上影响了学生未来的职业发展方向。这也让很多具备创新创业想法的学生，在毕业之后为了尽快获得一份工作，就会真正地按照父母所设计的人生道路去走。父母对于当代大学生职业选择和职业规划的影响，在中国式教育家庭当中，事实上是非常常见的。也就是说，在互联网这样一个充满契机的时代，很多父母的就业观念，对于大学生未来的职业选择具有一定的阻碍作用。虽然我们不能说这些父母的思想观有太大的问题，但至少这类父母的这种思想观念，常常会削弱大学生将自主创业这种想法投入到实际行动中的勇气。

三、"互联网+" 背景下大学生创新创业教育的新模式

1. 建立互联网创新创业的教育平台

现如今，互联网的飞速发展也应用到学生的教育当中，不论是现在的小学，初中还是高中或者是大学，都离不开互联网的使用。老师们在上课的过程中使用多媒体电脑来进行讲课，在讲课的过程中，可以给学生们穿插一些视频，或者是一些其他的信息都是需要互联网的帮助。所以在互联网普及的今天，对于大学生而言，互联网也是一个学习的好帮手。互联网对于人们现在来说是以一个必不可少的东西，人们在现在的听新闻，或者是看电视剧，以及看一些有趣的视频，都是离不开互联网的。互联网在给人们提供快乐的同时，也给有心的学生提供了一些学习的知识。在互联网飞速发展的时代，对于当代大学生如何正确地使用互联网是一个很重要的问题。对于大学生想在 "互联网+" 背景下创业的话，不仅仅要听老师们传授给我们的知识，同时也应该正确地使用互联网，在互联网中查一些相关的数据，或者是看看各行各业的行情，以及对于人们现在的喜好。从而有一个创业的目标，同时也可以在互联网中发现一些创新的意识，在以后创业的过程中，可以加以运用，这样更加吸引人们的眼球，或者对于一些企业有一些吸引，都是对自己有用的，对自己以后的工作都是有很大的帮助的。所以在互联网发达的今天同学们可以使用互联网来进行学习。❶

2. 综合线上线下创新创业教育

在学生在学校学习的过程中，老师们不仅要传授给他们知识，同时也应该给他

---

❶ 吴紫青．"互联网+" 时代大学生创新创业模式研究 [J]．质量与市场，2021（14）：139-141．

们自己留一些问题，让他们有一些自己的想法，可以让他们在课堂上或者误下有一个讨论。让同学们都可以听听别人的想法，从而发现别人的长处来弥补自己的不足，同时，在线下教学的过程中，老师们可以举一些实例，让学生们来参考，让他们有一个想法和目标。同时，在互联网发展迅速的今天，互联网对于学生们的影响其实也是挺大的，每一个学生每天都会使用互联网，但是在使用互联网的同时 更应该干一些有意义的事情。再根据老师们上课时留下的问题，或者是一些自己不明白的知识点，可以通过互联网来进行解答，特别是想在"互联网+"背景下创业的同学，更应该对于互联网有一个深入的了解，把上课老师讲的东西和互联网上的东西相结合，从而萌发出自己的观念，让创新创业成为一个目标，成为每个人都要实现的一个目标。

3. 深化学生对创新创业的认识

当前在"互联网+"大学生创新创业实践过程中，学生对创新创业认识的不足，是制约实践进一步发展、影响实践水平和实践能力提升的重要因素。因此 为提升"互联网+"实践水平，学校和老师应当做好相关工作，通过一系列举措 深化学生对创新创业的认识。首先，举办相关培训工作，介绍"互联网+"项目的基本概况，以及学生要想参与该项目，应当做哪些准备工作。在项目开展之前，要加大"互联网+"宣传工作，使更多大学生知晓"互联网+"项目，从而扩大受众覆盖面。其次，设立指导老师，关注学生想法，及时进行指导。在"互联网+"项目开展前期，学生往往对项目知之甚少，有时候缺乏经验的话，很容易在项目设想阶段走偏，因此，需要对有意愿的学生进行鼓励，支持学生参加，并对其想法进行指导。再次，邀请上一届获奖学生和团队，对项目经验进行分享。之前参加过并且获奖的团队，往往都有自己独特的经验和体会，另外，相比老师而言，同作为学生，他们往往具备更多话题和心得，因此，邀请这样的团队来进行分享，往往能给有意愿参加的学生更多鼓励和借鉴。

4. 深入实际，了解和解决问题

学校的教育，不仅是课本知识和既有经验的传授，还应当包含对学生实践能力、实践水平的锻炼和解决问题能力的培养。因此，在"互联网+"时代，学校应鼓励学生深入实践，在实践中发现问题，并尝试通过团队讨论、资料查询等方式去解决问题。例如，针对当前社会上广泛存在的城乡鸿沟问题、农民和消费者信息获取不对等问题，有大学生专门提出，要设置一个公益性电商平台，将原本处于信息弱势地位的农民和消费者联系起来，通过实现双方的平等对话和沟通，来达到提升农民收入、减少消费者不必要支出的目的。因此，在项目最后，在学校老师的指导下，学生搭建起来一个专门的电商平台，以杨梅作为试点，率先解决大山农民卖杨梅困难的问题。

5. 互联网创业的 4 个思维

互联网创业思维，是关乎创业成败的决定因素。好的互联网思维，能避免一些不必要的弯路，更快速地通往成功，下面介绍下不得不知道的互联网创业思维。

第一，商业民主化的思维。商业民主化，简单的一点来说，就是用户做主的商业模式。这怎么理解呢？在工业化时代，标准的思想是生产以及销售和传播，至于应该生产什么样的产品，受到管理者的影响比较大，主观因素有时候是存在错误的，而这种错误就是脱离了用户。而互联网呢，为管理者和一般用户提供了一个比较公平、自由、开放的交流模式，而这种模式，就是我们常说的民主化。因此，关于互联网创业，必须深知民主化的思维，因为只有这样才能更贴切地接近用户，为用户解决相应问题，从而实现更长远的发展。简单说就是，尊重市场，一切以市场需求为实现利润的原动力。

第二，用户至上的思维。互联网创业思维，其最终的面向对象还是上网的用户，也就是我们口中的网民。因为互联网开放、言论自由、公平的特性，就出现了一切以用户为中心来发展的互联网创业思维。如若你抛弃了用户体验，抛弃了用户至上的准则，那么失败在所难免。用户至上，做好用户体验，不仅仅有利于现在，更有利于未来，有利于更长远发展。可以这么说，用户至上的思维是互联网创业思维中的重中之重，也是决定你能走多远的重要衡量标准。

第三，产品和服务融为一体。就传统行业而言，产品和服务是隔离的，而互联网行业则不是这样，互联网行业有一个传统行业所不拥有的特征：产品和服务一体化。这也是互联网创业的一种思维，在明白了产品和服务一体化的思维之后再去创业，就会让自己的头脑清醒很多，将自己的产品做好。互联网产品中有服务，服务中存在产品，产品和服务融为一体是互联网一个非常重要的特征。互联网创业，明白服务产品一体化的思维，有助于稳步前行，获得更长久的发展。互联网做产品或服务，实际上是服务前置的，做好服务才能引起关注，才能吸引粉丝，而粉丝变现是互联网赚钱的必由之路。

第四，兵贵神速，快鱼吃慢鱼。除上面讲到的那些之外，互联网创业还有一种非常重要的思维，那就是速度和效率。互联网是一个瞬息万变的信息世界，机会稍纵即逝。因此，以最快的速度抓住机遇，把握时机成了创业者必备的素质。在互联网这个领域，如果你慢了半拍，那么你失败的可能性就越大。互联网是一个快鱼吃慢鱼的信息世界，只有快才能把握住互联网时机，也只有快才能脱离被吃的命运。看准了就去做，不要拖拖拉拉，白白失掉机会。

思维决定行为，行为决定成就的大小。互联网创业，思维也极为重要，以什么样的思维创业，从某种程度上来看，决定了你最终成就的大小。因此，对于重要的互联网思维，你必须清楚外加十分明白。只有正确的创业思维，才能在走最少路的基础上，获得更大的成就。

第三节 "互联网+"与西南地区大学生创业实践

为了积极响应国家的"大众创业、万众创新"号召，大力促进创新创业教育的改革。在信息化知识时代背景下，单一的技能人才培养已经无法适应社会发展的潮流，部分专家和学者提出了以素质教育为基础，结合知识和综合能力培养的复合型人才培养模式。高职院校培养技术技能人才，是高等职业教育的重要体现，特别是近几年高职院校参加"互联网+"大赛的意识逐渐增强，参赛的作品专业范围越来越广泛。其目标就是培养真正的复合型创新技能人才。只有明确了参赛的目标 才能更好地向着目标努力发展。培养高职学生的创新能力、创新意识、创新精神等综合素质，切实提高学生的创新创业能力。

信息技术的快速发展和"互联网+"时代的到来，为大学生开展自主创业提供了难得的机遇。如何利用互联网资源抓住我国积极倡导鼓励创业的有利时机，是高大学生的自主创业实践能力，成为高校和社会各界高度关注的重要课题。深入研究分析当前大学生自主创业实践中的各种要素，采取有效措施加以应对，对提高大学生创业成功率具有重要意义。

一、"互联网+"时代大学生创业模式分析

1. O2O 创业模式

O2O 即 Online To Offline（泛指在线离线/线上到线下），指将线下商务机会与互联网结合，让互联网成为线下交易的前台。O2O 概念非常广泛，只要产业链中既可涉及线上，又可涉及线下，就可统称为 O2O。现阶段，很多知名品牌的线下实体零售门店都已经是直接采取了这种在线营运管理方式，比如苏宁易购、美团网等，而线上线下的很多实体零售门店既可以在线下购买，又同时可以在线上购物。❶

2. 智能化电子平台创业模式

智能化电子平台创业创新模式主要指以更加智能化的电子产品管理作为技术基础，设计并开发制造出更加适合智能化的电子制造品和设备。智能型企业产品主要原理是通过利用先进的工业电子仪器和计算机网络以及通讯、自动控制等信息技术，通过对企业大数据或者特别是基于云计算的广泛应用，将与企业个体人的生活使用有机地紧密结合联系到了一起，通过这种管理方法的广泛使用就可以有效实现

---

❶ 刘闯."互联网+"时代大学生创新创业战略与策略分析 [J].企业改革与管理，2020（1）：91-93.

如何让人的活动方式变得更加灵活富有工作效率或者更加具有创新性，为推进现代企业社会管理提供高效、便捷、舒适的企业生活管理方式。

3. 电商参与创业模式

腾讯公司 2017 年第四季度的全年财报中已经明确提到，微信的活跃用户数量已经达到 9.63 亿，通过使用微信这个社交网络软件我们可以做到快速"人"，在微信人气的快速增长良好基础上，能够为自己的微信创业公司发展提供一定的盈利渠道。电商活动或是精准广告均被认为是垂直型社交平台在线的生存和盈利途径，例如，腾讯微信上的企业微信营销小店网上开门和新浪微博上的电子商务产品推广。如饿了么、淘宝、京东等大型互联网企业网站服务平台。

4. "众筹"创业模式

"众筹"的核心是让用户投资，是指通过网络，用团购+预购的形式，面向网友募集项目资金的模式。筹资项目完成后，支持者将得到发起人预先承诺的回报，回报的方式可以是实物，也可以是服务，如果项目筹资失败，那么已获资金全部退还支持者。禁止筹集股权、债务、分红及其他支付利息等任何形式的投资交易资金。"创业众筹"已经颠覆了很多传统的中小企业内部价值链，把第一客户转化成为第一个创业环节，无形中让更多的年轻创业者从这个第一环节中可以获得更多经济效益。也因而大大提高对于众筹产品的市场推广支持力度，有效地通过帮助更多的年轻创业者快速寻求到自己的创业合作伙伴、人脉和其他更多创业者的资源。

二、"互联网+"时代大学生创业 SWOT 分析

1. "互联网+"创业的优势

在"互联网+"时代，大学生创业的首要优势就是技术与知识储备。当代大学生具有一定的技术和知识，这是大学生创业的基础，并且大学生思维活跃，更习惯与团队进行合作，有较好的包容性，十分适合"互联网+"时代的资源深挖。其次，国家对于促进大学生"互联网+"时代创新和自主创业发展提供了大量的扶持政策。随着社会发展需要，近年来，我国政府一直在大力扶持大学生自主创新和就业。

2. "互联网+"创业的劣势

首先，从经验层面来说，大学生作为刚步入社会的新手，无论是心智还是经验、管理还是逻辑都有一定的欠缺。其次，安全意识薄弱。互联网是看不见摸不着的虚拟世界，大学生刚迈出象牙塔，缺乏较强的防护意识，容易受风险因素影响以及不良人员诱导，导致被骗。最后，互联网技术的飞速更新导致产品以及相应设备的快速换代，这对初出茅庐、没有收入的大学生来说也是一道难题。

3. "互联网+"创业的机遇

与改革开放初期相比，现阶段，我国经济社会发展水平快速提升，在"互联

网+"相关政策的指引下，大学生创业的机会也明显增多。越来越多的行业都开始依托于互联网进行客户对接，客户线上选购等，对当代大学生来说创业机遇倍增。创业文化改变了就业观念，浓厚的创业氛围和优惠的政策，使越来越多的大学生愿意选择自主创新创业。

4. "互联网+"创业的威胁

首先，"互联网+"新时代下高校创业在发展中存在着许多机会，也蕴含了许多威胁。互联网在打造一个开放而又包容性的新环境，也是其市场发展的红海领域，市场竞争加剧。其次，"互联网+"时代也是对资本和市场进行垄断的时期，初创企业公司的创业困难和市场可以继续发展的空间较小，这就是当下"互联网+"时代企业创业发展面临的实践性问题，也正是当下大学生创业不能持久或是失败等一些现象的根源。最后，"互联网+"时代最重要的特点就是掌握了核心的科研和技术环节，然而很多大学生创业的小企业在这个领域处于初创阶段，并没有取得太多的优势。互联网技术的发展和更新是异常快捷的，一旦企业没有紧随技术的步伐，选择了错误的发展路径，就可能会直接导致整个企业在很短的一段时间内衰败。

三、"互联网+"时代推动大学生创业的策略

1. 引入创新理念，引导与培养大学生创新精神

党的十九大报告明确提出："创新是引领发展的第一动力，是建设现代化经济体系的战略支撑。"当代的大学生要想成为推进中国特色社会主义事业建设的先锋和生力军，必须首先要深刻地理解自己的创业和科技革命的基本内涵，并且必须要树立正确的创业价值观，采用创新的形式进行创业项目的开发。尤其是对于高校，要加强大学生在校期间的创新教育工作，培养大学生自主创新的精神和实干的精神。要确保我们的创意是切实可行的，并且是符合社会主义核心价值观的。

2. 打造专业的师资团队，对大学生创业进行专项辅导

我国很多高校都开展了就业、创业等相关课程，但是其力度以及内容远远不能满足学生对创新创业指导的需求。高校作为学生进入社会前最后的驿站，教师作为学生创业道路上的引路人，在相关课程上的培训与分享就成了学生创业的关键。因此，高校应该更加重视就业、创业等相关课程的打造，让学生可以更好地感受在"互联网+"时代创新的重要性，创业的必要性，为学生的发展指明前进的方向。

3. 推动大学生学习和掌握与创业相关的政策法规，全面了解市场需求

对初入社会的大学生来说，国家的风向是最容易也是最方便触及的创业战略方向。作为在校大学生，不仅需要学习丰富的知识，还应积极地参与社会实践活动，更应该把握国家政策导向。另外，我国经济发展需求是主体选择的客观前提，主体

的自身优势一定要扎根于经济发展的内在需求，这样选择才能具有生命力，大学生创业是一种主体选择的过程，自身的优势就是自我的主观能动性，必须扎根于市场需求的客观规律。

四、西南地区大学生创业实践概况

（一）西南交通大学篇

2019年10月12日至15日，第五届中国"互联网+"大学生创新创业大赛全国总决赛在浙江大学举行，中共中央政治局委员、国务院副总理孙春兰出席大赛冠军争夺赛，并参观同期举办的"大学生创客秀"活动。西南交通大学团队在本届"互联网+"大学生创新创业大赛中共获得1银3铜的优异成绩，其中"派特科技——国内电子式牵引变压器开拓者"项目获全国总决赛银奖，获奖总数位居全国前列。

中国"互联网+"大学生创新创业大赛由中国政府倡导发起，由教育部、中央统战部、中央网络安全和信息化委员会办公室、国家发展和改革委员会、工业和信息化部、人力资源和社会保障部、生态环境部、农业农村部、国家知识产权局、中国科学院、中国工程院、国家乡村振兴局和共青团中央及承办省政府共同主办的最具影响力的赛事，旨在深化高等教育综合改革，激发大学生的创造力，培养造就"大众创业、万众创新"生力军。是我国覆盖面最大、影响最广、成果最多的大学生创新创业盛会。本届大赛共有来自全球五大洲124个国家和地区的百万个团队报名参赛，参赛项目和学生数接近前四届大赛的总和，是一场"百国千校"的世界大学生创新创业盛会。

西南交通大学历来重视大学生创新创业教育，不断搭建平台、健全机制、创新载体、凝聚合力，以赛促学、以赛促教、以赛促创，全力培养大学生综合素质。学校自三月启动大赛以来，精心组织、广泛动员、深入挖掘、精心培育，5000余名师生参与其中，参赛项目团队数量和师生数量均创历史新高。

本次获奖项目"派特科技——国内电子式牵引变压器开拓者"团队，主要针对目前现有动车组列车中传统变压器体积与质量大、能耗污染严重、维修检修不便等问题，通过实验研发车载电子式变压器，实现列车轻量化、绿色环保节能减排，降低维护检修难度。

教育部高教司司长吴岩介绍，第五届大赛实现了"五个更"的办赛目标：更全面，纵向上实现了基础教育、职业教育、高等教育的全链条参赛，横向上实现了国内到国外五大洲高校全覆盖；更国际，120个国家和地区的1153所国外高校大学生参赛，堪称一场"百国千校"参与的世界大学生双创奥运会；更中国，以赛促教、以赛促学、以赛促创，开始形成了创新创业教育中国模式；更教育，一百万大学生踏上"青年红色筑梦之旅",一堂最有温度的思政课、一堂最有深度的国情课于一并;更创新,实现了形式和内容创新,推动人才培养从就业从业模式向创新创业模式转变,服务国家创新发展。

吴岩表示,中国的创新创业教育培养了大学生敢闯会创的可贵素质,一定程度上实现了新时期大学生素质教育的新突破,为当代大学生绽放自我、展现风采、服务国家提供了新平台,为世界创新创业教育提供了中国经验、中国方案。

(二) 西南大学篇

2021年11月17日至20日,第六届中国国际"互联网+"大学生创新创业全国总决赛在华南理工大学举行。本届大赛学校共获得金奖1项、银奖2项、铜奖1项,学校在前五届比赛中仅止步铜奖,本次大赛实现了学校首金、首银的历史性突破。

第六届中国国际"互联网+"大学生创新创业大赛以"我敢闯、我会创"为主题,围绕"更国际、更教育、更全面、更创新、更中国"的目标,由教育部等十余个国家部委、科研院所及广东省人民政府共同主办,共有117个国家和地区、1186所大学、147万个项目、631万人报名参赛,世界前100强的大学占一半以上。大赛设高教主赛道金奖110个(大陆项目65个,港澳台项目5个,国际项目40个),红旅赛道24个,职教赛道25个,获得大赛银奖及以上奖项的比例约为万分之三。大赛将"青年红色筑梦之旅"活动作为教育系统决战决胜脱贫攻坚的关键一招,全面聚焦52个2019年底未摘帽贫困县,助力脱贫攻坚。全国共有132万名学生参加"青年红色筑梦之旅"活动,参加"红旅"电商直播带货活动的学生达60万人次,销售金额超过4.3亿元。

中国国际"互联网+"大赛历经六届,已成为高校深化创新创业教育改革的重要载体和平台。本届比赛学校共4个项目进入全国总决赛,3个项目入围总决赛现场,其中,《柑橘扶贫:四川云萃农业科技有限公司》(农学与生物科技学院)获"青年红色筑梦之旅"赛道金奖,《舒克清——国内首创用于化疗药物的歪丝蛋白载体》(材料与能源学院)和《"满逐"——全国首创非农药物理型杀螨农用助剂》(资源环境学院)获高教主赛道银奖,《全自动抗疫消毒洗涤剂》(化学化工学院)获高教主赛道铜奖。在各大高水平项目中层层角逐、脱颖而出,展现出学校学子风采。

学校自2021年3月启动大赛备赛工作,得到校领导和相关单位的高度重视和大力支持。校领导多次听取进展汇报,亲临校赛现场指导;创新创业学院与校团委、党委学生工作部、研究生院、教务处、科学技术处、国内合作处等多部门协同,与相关学院具体落实,挖掘重点项目,克服疫情影响,以"线上+线下"结合的方式举办各类讲座、培训20余次,邀请校内外专家、企业家开展项目打磨、备战辅导 150 余次，参赛师生全身心投入，深入项目、反复修改 PPT、模拟答辩百余次。本届大赛学校累计参赛项目数 689 个，比上一年度增长 48%。

近年来，学校围绕"坚持协同推进，服务国家需求，培育高素质创新创业人才"目标，进一步完善创新创业教育机制体制，深化创新创业教育改革，整合资源，构建"项目训练、竞赛活动、孵化培育、校企合作"创新创业实践平台，以中国国际"互联网+"大学生创新创业大赛等竞赛和项目为驱动，培养学生创新创业能力，推动学校科技成果转化，促进师生创新创业成果落地转化，使大赛成为人才培养的新平台、成果转化的新渠道、服务社会的新阵地。

（三）重庆大学篇

2021 年 10 月 12 日至 16 日，由教育部、中央统战部等 12 个中央部委共同主办的第七届中国国际"互联网+"大学生创新创业大赛全国总决赛在南昌大学举行。

经过激烈角逐，重庆大学斩获金奖 6 项、银奖 5 项、铜奖 1 项等，金奖获奖数量排名世界一流大学建设高校（A 类和 B 类）并列第四，金奖获奖数量和获奖总数创造了重庆和学校历史最佳纪录。其中，为重庆和学校首次斩获高教主赛道本科生创意组金奖 2 项、首次斩获"青年红色筑梦之旅"赛道创意组金奖 1 项和公益组金奖 1 项；斩获国际项目金奖 2 项，是西南唯一的连续三年斩获国际项目金奖的高校。学校荣获"先进集体奖"，金奖项目指导教师荣获"优秀创新创业导师奖"。

第七届大赛以"我敢闯，我会创"为主题，共有来自 121 个国家和地区的 4347 所院校、228 万余个项目、956 万余人次报名参赛，已成为展示新时代高等教育教学改革成果的重要窗口，成为世界大学生实现创新创业梦想的全球盛会。

【拓展阅读】

阿诺，本名伏彩瑞，沪江网创始人兼 CEO。2001 年，尚是上海理工大学大三学生伏彩瑞，创办了沪江语林，2006 年开始公司化运营。在十数年如一日所坚持的教育理念下，沪江网已成长为影响力覆盖 2 亿受众、8000 万用户、300 万学员的大型互联网教育企业。

从一个不为人知的互联网细分领域起步，阿诺一路慢慢走来，始终倡导"把学习这件事情变简单"，在互联网教育行业深耕十数载，这让他获得了 2014 中国十大经济潮流人物、2014 中国企业未来之星、上海 IT 青年十大新锐、上海首届新锐青商等荣誉，被不少师弟、师妹们昵称为上理工新生代"第一学长"。

【本章小结】

本章节对"互联网+"时代大学生创业现状、思维模式等进行了分析，全面地剖析了当前大学生创业的形势，阐述了大学生创业所面临的机遇与挑战，并且针对

"互联网+"时代西南地区大学生创业实践进行了梳理，以期为我国大学生成功地创新创业和就业发展树立正确的目标，明确未来的发展方向。

【思考与实践】

（1）"互联网+"的内涵特征及变迁历程是什么？

（2）"互联网+"大学生创新创业思维现状有哪些？

（3）"互联网+"与西南地区大学生创业的关系是什么？

（4）"互联网+"时代背景下，西南地区大学生应怎样结合时代特点开展创新创业？

参考文献

［1］邓小平文选（第二卷）［M］．北京：人民出版社，1983．

［2］米哈尔科．创新精神：创造性天才的秘密［M］．刘悦欣，译．北京：新华出版社，2003．

［3］道格拉斯·C.制度、制度变迁与经济绩效［M］．诺斯，刘守英，译．上海三联出版社，1994．

［4］朱永新．论新教育论［M］．南京：江苏教育出版社，2001。

［5］吴晓义．创业基础：理论、案例与实训［M］．北京：中国人民大学出版社，2013．

［6］顾庆良．企业家和创新创业精神［M］．北京：北京大学出版社，2016．

［7］孙玉梅，张吉松，苏凤．大学生就业、创业理论指导与实践分析［M］．北京：中国纺织出版社，2017．

［8］辜胜阻．创新驱动战略与经济转型［M］．北京：人民出版社，2013．

［9］李才俊．大学生创新能力培养新探［M］．重庆：重庆出版社，2006．

［10］孙志芳，栾丽杰．大学生学［M］．山东：黄河出版社，1990．

［11］黄保强．创新概论［M］．上海：复旦大学出版社，2004．

［12］路凯，刘仲春．现代创新教育［M］．北京：光明日报出版社，1988．

［13］张玉利，等．创业管理［M］．北京：机械工业出版社，2010．

［14］单林波．大学生创新创业思维与方法研究［M］．北京：中国商务出版社，2020．

［15］黄玉珊，周松，欧阳亮．大学生创新创基础与竞赛进阶教程［M］．北京：科学出版社，2019．

［16］席佳颖．创新创业事务［M］．北京：机械工业出版社，2019．

［17］岳双喜．创业企业融资管理研究［M］．北京：中国纺织出版社，2018．

［18］吴伟．创业投资2.0实战与工具［M］．北京：机械工业出版社，2018．

［19］晏妮．大学生就业与创业指导［M］．武汉：武汉大学出版社，2016．

［20］王顺义．创新型国家呼唤创新型企业家［N］．上海快科技报，2006．

［21］Christian Bruyat，Pierre-Andre Julien．Defining thefield of research in entrepreneurship［J］．Journal of Business Venturing，2001．

［22］王磊．实施创新教育，培养创新人才——访中央教育科学研究所所长阎

立钦教授 [J]. 教育研究, 1999 (7).

[23] 张立昌. 创新·教育创新·创新教育 [J]. 华东师范大学学报（教育科学版）, 1999 (4).

[24] 王海亮, 王欣欣. 论"课程思政"视域下大学生创新创业精神培育与实践能力提升 [J]. 佳木斯大学社会科学学报. 2020, 38 (6).

[25] 粟庆品. 西南地区创业风险投资环境评价与策略研究 [J]. 特区经济, 2012 (6).

[26] 陈仕玲, 叶明霞, 蒋辉. 西南地区"生态旅游—乡村振兴"耦合发展研究——基于云贵川三省的分析 [J]. 农村经济与科技, 2020, 31 (1).

[27] 陈燕. 大学生自主创新能力的人才培养研究 [J]. 中国商论, 2016 (31).

[28] 邓金娥. 国际视野背景下高职财务管理专业人才培养模式创新与实践 [J]. 商业会计, 2019 (1).

[29] 石俊芳. 大学生创新驱动型创业成功因素分析 [J]. 合作经济与科技, 2017 (4).

[30] 申静, 陈丽娜. 信息时代创业机会识别与特色文化企业创建研究——评《大学生就业创业教育研究》[J]. 新闻爱好者, 2021 (2).

[31] 梁博. 乡村振兴战略背景下大学生农村创业机会与实践对策 [J]. 乡村科技, 2021, 12 (2).

[32] 钟雄星. 基于创业生命周期的青年农村创业风险研究 [J]. 老字号品牌营销, 2021 (5).

[33] 赵思宇, 雷焕贵. 农民工返乡创业风险识别与防控 [J]. 中国农业会计, 2021 (3).

[34] 郑粤. 乡村旅游地返乡农民工创业风险类别研究 [J]. 现代化农业, 2021 (1).

[35] 粟庆品. 西南地区创业风险投资环境评价与策略研究 [J]. 特区经济, 2012 (6).

[36] 李明慧. 小微企业融资问题及对策研究 [J]. 河北企业, 2022 (2)

[37] 王千文. 互联网时代大学生创业融资现状和模式选择 [J]. 商业文化, 2021 (26).

[38] 李亚杰. 大学生创新创业融资困境及对策研究 [J]. 产业创新研究, 2021 (17).

[39] 李彤辉. 大学生创新创业融资途径分析 [J]. 投资与创业, 2021, 32 (17).

［40］孙玉梅，张吉松，苏凤．大学生就业、创业理论指导与实践分析［M］．北京：中国纺织出版社，2017．

［41］呼健．新办企业内部控制构建的探索与思考［J］．管理论坛，2019（8）．

［42］张占东．中小企业风险控制的应对策略［J］．中国中小企业，2020（9）．

［43］冉一江．企业伦理在企业建设中的作用探讨［J］．投资与创业，2021（4）．

［44］付义博．电商直播秒杀模式的应用对消费者购买心理的影响分析［J］．商场现代化，2021（9）．

［45］黄楚新，王丹．"互联网＋"意味着什么——对"互联网＋"的深层认识［J］．新闻与写作，2015（5）．

［46］陈彬．"互联网＋"时代中国发展的机遇与挑战［J］．财经界，2017（11）．

［47］焦萍萍．互联网＋模式下大学生创业影响因素研究［J］．风景名胜，2019（5）．

［48］张倩倩，刘颖，胡阳华．"互联网＋"时代大学生创新创业意识培养路径研究［J］．作家天地，2021（30）．

［49］吴紫青．"互联网＋"时代大学生创新创业模式研究［J］．质量与市场，2021（14）．

［50］刘闯．"互联网＋"时代大学生创新创业战略与策略分析［J］．企业改革与管理，2020（1）．

［51］史慧．高校创新人才培养模式研究［D］．天津：天津大学，2015．

［52］张立．新形势下大学生创新能力培养问卷调查及对策研究［D］．福州：福建师范大学，2020．

［53］钱崇斌．西南地区中小企业融资效率及其影响因素研究［D］．成都：成都理工大学，2018．

［54］仝新丛．初创企业内部管理体制研究［D］．武汉：华中师范大学，2017．

［55］习近平：加快实施创新驱动发展战略　加快推动经济发展方式转变［EB/OL］．中国共产党新闻网，http：//cpc. people. com. cn/n/2014/0819/c64094-25490969. html．

［56］新华网．小米智能手机市场占有率升至全球第二同比增长83%［EB/OL］．［2021-07-16］．

［57］搜狐．小米手机销量超越苹果，跃升全球第二［EB/OL］．［2021-07-19］．

［58］于扬．所有传统和服务应该被互联网改变［EB/OL］．［2015-11-20］．

［59］新华网．中国有了"互联网＋"计划［EB/OL］．［2015-03-06］．

［60］物联网．马化腾两会提案大谈"互联网＋"［EB/OL］．［2015-03-05］．

附　录

创新创业计划书架及练习模板

第一部分　公司概况

（一）公司介绍

详细介绍公司背景、规模、团队、资本构成

1. 主要股东

股东名称　出资额　出资形式　股份比例　联系人　联系电话

2. 团队介绍

对每个核心团队成员在技术、运营或管理方面的经验和成功经历进行介绍

3. 组织结构

4. 员工情况

（二）经营财务历史

（三）外部公共关系

战略支持、合作伙伴等

（四）公司经营战略

未来的发展方向、发展战略和要实现的目标

第二部分　产品及服务

（一）产品、服务介绍

（二）核心竞争力或技术优势

（三）产品专利和注册商标

第三部分　行业及市场

（一）行业情况

行业发展历史及趋势，进入该行业的技术壁垒、贸易壁垒、政策限制

（二）市场潜力

对市场容量、市场发展前景、消费者接受程度和消费行为进行分析

（三）行业竞争分析

主要竞争对手及其优劣势进行对比分析，包括性能、价格、服务等方面

（四）收入（盈利）模式

业务收费、收入模式，从哪些业务环节、哪些客户群体获取收入和利润

（五）市场规划

公司未来3-5年的销售收入预测（融资不成功情况下）

第四部分　营销策略

（一）目标市场分析

（二）客户行为分析

（三）营销业务计划

1. 建立销售网络、销售渠道、设立代理商、分销商方面的策略

2. 广告、促销方面的策略

3. 产品/服务的定价策略

4. 对销售队伍采取的激励机制

（四）服务质量控制

第五部分　财务计划

请提供如下财务预测，并说明预测依据：

未来3-5年项目资产负债表

未来3-5年项目现金流量表

未来3-5年损益表

第六部分　融资计划

（一）融资方式

详细说明未来阶段性的发展需要投入多少资金，公司能提供多少，需要投资多少。融资金额、参股比例、融资期限

（二）资金用途

（三）退出方式

第七部分　风险控制

说明该项目实施过程中可能遇到的风险，及其应对措施。包括：技术风险、市场风险、管理风险、政策风险等

附录